人文社科
高校学术研究论著丛刊

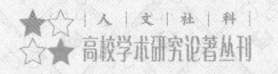

# 英汉翻译与跨文化传播研究

殷丽萍 著

中国书籍出版社
China Book Press

图书在版编目(CIP)数据

英汉翻译与跨文化传播研究 / 殷丽萍著. -- 北京：中国书籍出版社, 2022.10

ISBN 978-7-5068-9251-3

Ⅰ.①英… Ⅱ.①殷… Ⅲ.①英语–翻译–研究 Ⅳ.①H315.9

中国版本图书馆CIP数据核字（2022）第201311号

## 英汉翻译与跨文化传播研究

殷丽萍 著

| 丛书策划 | 谭 鹏 武 斌 |
|---|---|
| 责任编辑 | 毕 磊 |
| 责任印制 | 孙马飞 马 芝 |
| 封面设计 | 东方美迪 |
| 出版发行 | 中国书籍出版社 |
| 地　　址 | 北京市丰台区三路居路97号（邮编：100073） |
| 电　　话 | （010）52257143（总编室）　（010）52257140（发行部） |
| 电子邮箱 | eo@chinabp.com.cn |
| 经　　销 | 全国新华书店 |
| 印　　厂 | 三河市德贤弘印务有限公司 |
| 开　　本 | 710毫米×1000毫米 1/16 |
| 字　　数 | 218千字 |
| 印　　张 | 11.5 |
| 版　　次 | 2023年3月第1版 |
| 印　　次 | 2023年7月第2次印刷 |
| 书　　号 | ISBN 978-7-5068-9251-3 |
| 定　　价 | 85.00元 |

版权所有　翻印必究

# 目 录

第一章 绪论 ·································································· 1

  第一节 英汉翻译的基础阐释 ············································ 2
  第二节 文化、传播与跨文化传播 ········································ 4

第二章 英汉翻译与跨文化传播 ············································· 11

  第一节 中西文化差异对英汉翻译的影响 ································ 12
  第二节 跨文化传播视角下英汉翻译的原则 ···························· 25
  第三节 跨文化传播视角下英汉翻译的策略 ···························· 26

第三章 英汉特殊词汇翻译与跨文化传播 ·································· 37

  第一节 英汉动物与植物翻译与跨文化传播 ···························· 38
  第二节 英汉天气与节气翻译与跨文化传播 ···························· 48
  第三节 英汉颜色与数字翻译与跨文化传播 ···························· 55

第四章 英汉语言交际翻译与跨文化传播 ·································· 67

  第一节 英汉人名翻译与跨文化传播 ···································· 68
  第二节 英汉地名翻译与跨文化传播 ···································· 74
  第三节 英汉称谓语翻译与跨文化传播 ································ 80

　　　　第四节　英汉委婉语翻译与跨文化传播……………………86

第五章　英汉传统习俗翻译与跨文化传播……………………91

　　　　第一节　英汉节日翻译与跨文化传播………………………92
　　　　第二节　英汉饮食翻译与跨文化传播………………………96
　　　　第三节　英汉建筑翻译与跨文化传播………………………108

第六章　汉英翻译与中国文化传播的问题……………………115

　　　　第一节　中国文化的精髓与传承……………………………116
　　　　第二节　汉译英中的文化空缺现象…………………………123
　　　　第三节　汉译英中的文化空缺处理对策……………………130

第七章　中国经典文学翻译与跨文化传播……………………135

　　　　第一节　古诗词翻译与跨文化传播…………………………136
　　　　第二节　古代散文翻译与跨文化传播………………………144
　　　　第三节　古代小说翻译与跨文化传播………………………149

第八章　中国传统艺术翻译与跨文化传播……………………155

　　　　第一节　中国传统戏曲翻译与跨文化传播…………………156
　　　　第二节　中国传统音乐翻译与跨文化传播…………………160

参考文献………………………………………………………………170

# 第一章 绪论

众所周知,语言与文化的关系是十分密切的,人们在研究不同语言的过程中,需要利用翻译这一重要的媒介工具。在长期的翻译实践过程中,人们积累了丰富的经验,并形成了一定的翻译理论体系。对翻译理论知识的把握,有助于译者夯实自己的理论知识,进而在翻译实践中更加得心应手。本章作为全书开篇,首先对翻译、文化、传播、跨文化传播的相关知识进行介绍,为下文的展开做好铺垫。

## 第一节 英汉翻译的基础阐释

### 一、翻译的界定

对"翻译是什么",众说纷纭,不一而足。我们认为,这个问题的答案绝不是唯一的,或许法国著名翻译理论家拉德米拉尔的观点能够给予我们一些启发。结合拉德米拉尔的观点,我们认为可以从四个视角对"翻译是什么"这一问题进行思考和研究。

首先是从职业的角度,从翻译的形式出发,将翻译分成口译和笔译。其中笔译又可分为"文学翻译"与"技术翻译",以待译文本的类别为划分标准,哲学、文学及其他人文学科领域的翻译被纳入"文学翻译"的范畴,技术翻译则包括工程资料、纯理性科学以及法律文件等的翻译。

其次是从语言学这个纯理论的角度,认识译坛长期以来关于"直译"和"意译"(或称"文字翻译"和"文学翻译")的争论的本质。我们认为,这个本质问题涉及两个层面,一是从哲学层面看,"直译"和"意译"关乎"形"与"神"、"异"与"同"的对立统一,"直译"和"意译"从来不是完全对立的;二是从语言学层面看,"直译"和"意译"的分歧在于翻译单位的不同。

再次是从理论和实践关系的角度,我们可以看到在实践中,翻译只能是"部分可能"的,译者的作用不是在传递所有信息上,而是在于"选择",而理论的作用就是指导译者如何在实践中进行"选择"。

最后一个视角是文化的视角,将翻译视作文化交流的重要形式和重要手段,并探讨文化大背景下的翻译的可能性和作为文化传播媒介的译者的"再创造"能力。

这四个视角启发我们可以从三个层面去思考"翻译是什么"这个问题。一是从哲学本体论的层面,着重探讨翻译的本质;二是从翻译的目的或任务的层面,界定翻译是一项什么样的活动;三是从翻译的形式层面,看翻译有多少种类型。

## 二、翻译的特点

### （一）文化性

翻译对世界文明的进步与发展作用巨大，而社会的发展与文化有着紧密的关系，因此翻译的社会性也渗透了翻译的文化性。

著名学者季羡林这样说道：只要交谈双方具有不同的语言文字，不管是在一个国家，还是在一个民族，都需要翻译的参与，否则彼此就很难进行沟通，文化也很难进行交流，人类社会也无法向前迈进。

从季羡林的观点中可以看出，翻译需要民族之间的交往，而在交往中必然会涉及文化内容与信息。

### （二）创造性

翻译具有创造性。传统的翻译理论认为翻译仅仅是两种语言之间的转换，其实不然，因为从翻译的社会性与文化性中可以明显看出翻译的创造性。

首先，从社会角度来说，翻译是为了语言之间的交流，是为了传达思想，而思想是开放的，是翻译创造性的前提和基础。

其次，从文化角度来说，翻译中将文化因素导入，是为了激活翻译中的目的语文化，这实际也是在创造。

最后，从语言角度来说，为了能够传达新事物、新观念，创造是必需的，当然翻译也不例外。

## 第二节　文化、传播与跨文化传播

### 一、文化

　　文化是人类在历史长河中创造的物质文明和精神文明的总和，是人类社会特有的现象。文化作为一种社会现象，其主要是由社会的生产方式、生活方式、人际交往方式、道德规范、社会准则、价值观念等构成的复合体。

　　"文化"一词是随着人类历史的发展而不断丰富起来的。

　　在中国的古籍中，"文化"一词来源于"文"和"化"两个字。"文"即指文字、文章、文采。《说文》曰："文，错画也。象交文。""化"是"教化""教行"的意思。教行于上，则化成于下。《老子·第五十七章》曰："我无为而民自化。"中国人论述"文化"始于《周易》。《周易》有所谓："观乎天文以观时变；观乎人文，以化成天下。"即通过了解自然现象和人文现象，用教育感化的方法治理天下。

　　西方"文化"的论述要比中国晚，但比中国古文献的论述要广泛、科学。西方语言中的 culture，在1690年安托万·菲雷蒂埃的《通用词典》中，其定义为"人类为使土地肥沃，种植树木和栽培植物所采取的耕耘和改良措施"。最早西方人观念中的"文化"只是指人类从事某种活动的才干和能力。19世纪中叶以后，"文化"一词才成为表述一个概念体系的术语。至近代，社会学、人类学、哲学、社会心理学等从各自学科的视角来给"文化"一词下定义。

　　文化在文化学或人类学中的定义通常是指人类社会区别于其他动物的全部活动方式以及活动的产品。但在实际的文化研究领域，由于文化要素复杂，内涵广泛，专家给出的定义不胜枚举。到现在为止，专家学者下的定义已有300多种。

　　西方近现代人类学家、社会学家和社会心理学家对文化的认识呈现出多角度、动态性的特点。1952年，美国文化学家克罗伯（A. L. Kroeber）和克拉克洪（C. K. M. Kluckhohn）发表了《文化概念和定义的批评考察》一文，历时考察了自1871年至1951年期间关于文化的160多种定义，并做了评析。在此基础上，他给文化下了一个较为全面、科学的定义：文化是由外显的和内隐的行为模式构成；这种行为模式通过象征符号而获得和传递；文化代表了人类群体的显著成就，包括他们在人造器物中的体现；文化的核心部分是传统的（即历史的获得和选择的）观念，尤其是他们所带来的价值；文化体系一方面可以看作活动的产物，另外则是进一步活动的决定因素。这一文化的综合定义基本为现代中西方的学术界所认可，有着广泛的影响。

综上所述，我们可以得出这样的结论："文化"作为一个概念，可以有广义和狭义的理解。狭义的文化，一是指社会意识形态层面上，人类一定范围的社会群体中所具有共性的价值观、行为准则和行为方式，即使个人行为能力为集体所接受的共同标准；二是指在此基础上建立起来的社会组织结构和社会制度。广义的文化还包括社会意识形态借以形成的物质基础——社会生产力和生产方式的直接产品。人类在生存实践中不断地认识自然、改造自然及改造自身以适应自然，从这个意义上来说，人类在社会实践中形成的一切物质遗产都是文化的组成部分。因此，本书对文化取其广义的理解，即包括精神和物质两个方面。

## 二、传播

传播是复杂的、多向的、有目标和需求的信息交流与共享形式。当然，信息共享是有条件的，在某些特定的环境和条件下，传播双方很难实现信息共享。

在亚里士多德学派看来，传播是一个线性存在（linear）的过程。在这个过程中，信息从信息发送者经由渠道直抵信息接收者。20世纪最能体现亚里士多德学派特点的传播模型就是香农（Claude Shannon）和韦弗（Warren Weaver）提出的单向传播模型，即香农-韦弗传播模型。

在香农和韦弗看来，信息发送者和接收者共享同一个符码（shared code），这个符码脱离语境而独立存在，因而无论传播活动生成的语境是什么，信息接收者面对该符码时，只能采用唯一一种，即正确的解码方式来与信息发送者交流。根据香农-韦弗传播模型，语言的本质是一套由规则（如语法）所构成的符码体系（code system）。一个人所传递的信息只有在具备逻辑一致性并且（或者）可以通过实践得以检验的时候，才会具备意义（meaning），否则就会被视为噪音。

如果在这里套用霍尔提出的高低语境概念，可以认为香农-韦弗传播模型所描述的传播可以是一种低语境传播，在这个传播过程中，所有的信息都被包含在清晰的编码之中，力求意义的准确清晰，极力避免含义不清、表意不明。（见图1-1）

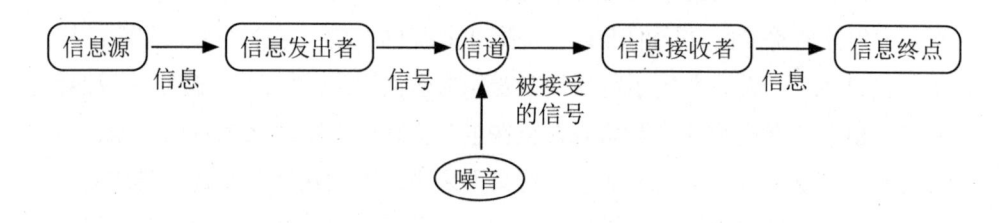

图1-1　香农-韦弗传播模型

资料来源：艾瑞克·克莱默（Eric Mark Kramer）、刘杨，2015

不同于还原论将形式和内容区别对待的做法，相对论认为形式与内容不可分离。因此，传播这个举动本身不仅在传递语义，也作为一种语义而存在。正如麦克卢汉所言，媒介本身即是信息。

## 三、跨文化传播

跨文化传播最早的研究始于爱德华·霍尔所著的《无声的语言》中。霍尔在著作中第一次明确提出"跨文化传播"概念，因此霍尔被称为"跨文化传播研究之父"。跨文化传播一词来源于英文 intercultural communication 或 cross-cultural communication，跨文化传播翻译为跨文化交流。简言之，跨文化传播是指来自不同文化背景的个人、群体和国家间的文化传播过程。在郭庆光的《传播学教程》中，跨文化传播是指文化观念和表征体系具有明显差异的人们所进行的相互交流。

跨文化传播既是一种古老的人类历史文化现象，又是现代人的一种生活方式和重要技能，也是各国文化和世界文化发展繁荣的主要推动因素之一。和一般意义上的传播不同，跨文化传播并不把传播单纯地看作是信息传递和交流，而是看作由特定的文化对信息进行编码、解码的过程。

跨文化传播就是不同文化之间以及处于不同文化背景的社会成员之间的交往与互动，涉及不同文化背景的社会成员之间发生的信息传播与人际交往活动，以及各种文化要素在全球社会中流动、共享、渗透和迁移的过程。

当前全球化进程下，世界各国之间的交流日益频繁，跨文化传播是人类传播活动的重要组成部分，互联网、社交媒体的发展和普及为跨文化传播提供了更多的渠道和路径，媒介成为跨文化传播的主要形式，为不同文化体系下的民众进行跨文化传播和交流提供了便利。跨文化传播已经成为全球化的文化传播与交流活动，对促进人类文明与交流具有重要的意义。

早在现代西方新闻传播业出现前，跨文化传播就作为一种精神交往现象存在，而后随着全球化以及媒介新技术的发展，跨文化传播成为根植于人的物质生活、生产和精神交往需要之中的历史现象。随着全球通信技术和移动互联网技术的普及，跨文化传播成为人类社会的普遍现象，也是现代人的一种生存方式，随着麦克卢汉"地球村"理论被人普遍接受，跨文化传播不仅是国家与国家之间的传播方式，也是处于各国不同文化背景下的民众的交流方式。跨文化传播成为全球交流的重要渠道，成为全球文化之间沟通交流的桥梁。由于世界文化的多样性，以及不同地域文化背景下人群的差异，不同民族之间的文化障碍、文化对立对跨文化传播的效果产生影响，跨文化传播面临着种种的冲突和矛盾。

跨文化传播是指具有不同文化背景的人员从事交际的过程，是文化认识和符号系统不同的人员之间的交际。它涉及方方面面的交往，如不同社群之间的交往、不同族群之间的交往、不同文化之间的交往、不同国家之间的交往。其具体包含以下几个要点。

（1）交际双方的文化背景不同，具体涉及来自不同的文化圈或来自带有文化差异的同一文化圈内部。

（2）交际双方使用同一种语言进行交际。这种语言可以是一个交际者的母语、另一个交际者的第二语言。

（3）交际双方进行的方式多样，如利用语言符号进行交际；利用非语言符号（如演出、画报、影像等）进行交际；进行单向交际，如广播、广告、电视等；进行双向交际；书面交际；口头交际等。

跨文化交际发挥着重要的作用，它推动了人类文明的进步和社会的变迁。跨文化交际使不同国家、不同民族联系在一起，促使整个人类社会协调发展。

在全球化的影响下，跨文化传播愈加频繁。这不仅是科学技术发展的结果，也体现出了世界经济、文化的重要变化。下面对跨文化传播的现状进行分析与说明。

（1）现在地球居民越来越多，20世纪末世界总人口便已经超过了60亿大关。而与人口数量相对，地球资源却是有限的，一些基本的生活资源日益减少。人们通过互相沟通与交换来使用地球上的有限资源，跨文化传播对世界资源的协调发展有着重要的媒介作用，这也是跨文化传播发展迅速的重要客观原因。

（2）地球政治文明是一个牵一发动全身的有机整体，当世界某一地区出现争端时，总会对其他地区产生一定的影响。因此，不同的国家和地区开始使用跨文化传播的方式积极展开应援与沟通，从而处理不同的危机与争端。

（3）跨文化传播发展的条件十分便利。随着信息技术的发展，世界传播与运输方式得以向着更加即时、快捷的方向前进，提高了传播的效率。

（4）在跨文化传播过程中，商业上的问题十分突出。由于全球化进程的加快，很多跨国企业都在积极开拓国际市场，使得世界竞争更加激烈。在这些大跨国公司中，员工来自五湖四海，因此在交流过程中也是一种跨文化传播。

（5）在教育方面，跨文化传播也有着重要的影响作用。例如，现在很多高校都积极开展国际学习合作，如果一些学生无法和来自其他文化背景下的学生进行交流，就难以在学习上取得更高的进步。

# 第二章　英汉翻译与跨文化传播

在英汉语言翻译实践的过程中，很多文本中都会涉及文化因素，这些因素往往会给翻译带来困难。为了有效避免文化因素对翻译实践的影响，译者需要充分了解两种语言背后的文化，具备跨文化意识，把握中西文化差异对英汉翻译实践的影响，遵循一定的翻译原则，采用合适的翻译策略，如此才能准确传达原文内涵，译出地道的文章。

# 第一节 中西文化差异对英汉翻译的影响

## 一、中西价值观的差异

### （一）中西价值观形成的环境影响

一个民族价值观念的产生、形成和发展主要受三种因素的影响：环境适应（environmental adoptions）、历史因素（historical factors）、和思维方式的哲学基础（philosophical basis of thinking pattern）。由于不同民族在地理环境、历史条件等方面的差异形成了不同的思维方式，也形成了不同的价值观。一个民族的基本价值观念一旦形成，就会牢牢扎根于本民族人们的心中，而且代代相传。

中国位于亚欧大陆东部，东临太平洋，广大的中部平原适宜农耕，由此衍生出了中华文明。农耕生活方式，一方面使中国人可以安居乐业，另一方面，在生产力不发达的情况下，家族成员必须团结配合相互帮助才能够应对自然灾害的侵扰，这样便使得中国的家族发展很快，而且极易形成大家族或家族群落。所以，在中国人的世界观和价值观里，家族成员之间的关系是生活的核心问题，久而久之，便产生了针对熟人圈子的仁（benevolent）、义（righteous）、礼（courteous）、智（intelligent）、信（trustful）等道德价值观念。

西方文明发源于古希腊，而古希腊紧邻大海，岛屿多，岩石多，土壤比较贫瘠，气候条件极不稳定，四季不分明，极不适宜农业生产。独特的地理环境和生产力的发展，决定了许多人无法从事农业生产而被迫"背井离乡"，只有从事手工业生产，才能弥补自身的资源缺陷，得以生存。手工业者和工商业者的经济活动就是在交换中寻求利益，追求个人利益的最大化，只有这样才能够保证自己的生活。受此生产方式的影响，智慧（intelligent）、勇敢（courageous）、节制（temperance）、正义（righteous）变成了西方人普遍信奉

## 第二章　英汉翻译与跨文化传播

的道德价值观念。

就价值观的五个价值取向而言，中西方文化差异很大。在人性方面，中国文化的核心主张"性善论"，即"人之初，性本善（human nature is essentially good），性相近，习相远"；西方文化受基督教影响，崇尚"原罪说"（theory of original sin），认为"人性本恶"（humans are basically evil）。在人与自然的关系上，中国文化自始就强调人类与自然的和谐，主张"天人合一"（harmony between man and nature），热爱自然，珍惜万物，追求和谐共生；西方社会认为人类是大自然的主人，为了人类自身的利益，必须征服和主导自然力量。在时间取向上，中国人高度重视传统文化，重视过去的经历，会习惯地往后看，并喜欢沿用过去一贯的做法；欧美人士更取向未来时间，更注意变化和多样性，更注重科学研究及改革创新。在活动取向上，中国文化是存在的趋向，提倡"以静制动"（take the quiet approach），"以不变应万变"（coping with all motions by remaining motionless）；西方社会是一个强调行动"做"的社会，人们必须不断地做事，不断地处于行动中才有意义。在处理人与人之间的关系时，中国人比较崇尚集体主义的价值观，它是中国文化的主线；英美价值观念的主线是个人主义（individualism），崇尚个人，相对社会的独立自主性，它强调的是自我和个人的成就。

### （二）中西价值观的外在体现

在中国传统社会中，道德价值观与政治是密不可分的。道德价值观往往是从上至下、从中央到地方逐步推行的。在实践中，传统德治的主要内容包括施仁政（practice the benevolent governance）、重教化（pay attention to the cultivation）、强调官员道德修养（emphasize the moral cultivation of officials），以及建立社会的伦理纲常（to establish social ethics）四个方面。从社会制度文化来看，中国自隋唐以来实施1000多年的科举制度（imperial examination system），以严格的德治为基本要求，遴选知识分子精英作为官员，组成管理国家的政治集团，一大批知识分子精英从社会不同层面代表了不同声音进入国家执政集团，与最高统治者一起讨论如何治理国家，有一定的民主作用。

在西方，天赋人权（innate human rights）的思想成为社会主流思潮，形成了西方个人本位的道德价值观。在西方道德价值观中，以不侵犯别人权利的个人本位作为准则。个人本位（individual standard）使西方人主张人的个性张扬与展示，主张享受人的权利与自由。

## （三）中西价值观的内在规则

中国传统道德基本上是以儒家道德为主线而发展的，其整体思想主要表现在三个方面：其一是个人与国家，体现为个人为国家尽忠（be loyal to the nation）；其二是个人与家庭，强调子女对父母尽孝（be filial to one's parents）；其三是个人与朋友，强调对待朋友要宽容（tolerant）、仁爱（kindhearted）、有信义（faithful）。这几个方面充分反映了儒家道德重视人伦和谐、强调整体精神的核心道德价值观。在中国，人际关系强调"以和为贵"（harmony is the most valuable），经济发展强调"和气生财"（harmony brings wealth），治国方略强调"和谐社会"（harmonious society）。这些都说明在中国人的思维中，和睦、和谐、和善的人际关系和社会氛围是非常重要的。

西方社会无论在中世纪还是现在，都强调以个人为本，以自我实现为目的。道德价值观强调个人在整体或者组织中的作用，并通过责、权、利的统一来体现人生价值。在西方道德价值观中，以不侵犯别人权利的个人本位作为准则。个人本位对于西方社会的发展有利有弊：一方面充分激发了人的主观能动性和创造性，使资本主义社会在近几百年中展现出蓬勃的生命力，但是另一方面，它也导致极端个人主义的盛行，个人对社会的责任感、义务感淡漠，人与人之间的关系疏离。

## （四）中西方价值观的具体差异

中国传统哲学观是"天人合一"，指的是人对大自然的顺从和崇拜，并与大自然和谐统一。中国神话故事如女娲造人、夸父追日、精卫填海及神农尝百草等都体现了救世精神（salvation spirit）、现实主义精神（spirit of realism）、坚韧不拔的精神（perseverance）和利他主义精神（altruistic spirit）。中国"天人合一"的思想必然导致集体主义取向、他人利益取向和以天下为己任的大公无私精神。讲仁爱、重民本、守诚信、崇正义、尚和合、求大同是中华优秀传统文化中的思想理念，也是一种思想道德价值追求和人格修养的独特品质。中国人崇奉以儒家仁爱思想为核心的道德规范体系，讲求和谐有序，倡导仁、义、礼、智、信，追求修身（cultivate one's moral character）、齐家（regulate the family）、治国（manage state affairs）、平天下（run the world），追求全面的道德修养和人生境界，形成了中华传统美德和民族精神的核心价值理念。

西方哲学观自古倾向于把人与大自然对立起来，即天人相分（separation of nature and human），强调人与大自然抗争的力量。所以，西方重个人主义（individualism）、个性发展（personality development）与自我表现（self-expression）。他们认为一个人有时达不到自己的目的，那不是天命（God's will），而是自己懒惰，缺乏斗争精神。因此，西方价值观强调以个人为主体和中心，也就是有突出的"利己"（egoism, self-interest）思想。这种思维方式以实现个人利益、维护个人尊严等作为出发点，决定各种社会人际关系的建立，影响人们的价值评判，并形成相应的行为方式和态度。它肯定个人作为宇宙间一个独立实体的价值，强调人的权利和人与人之间的竞争，认为只有通过个人奋斗和竞争才能够确立自我价值（establish one's self-worth）和实现个人目标（achieve personal goals）。

1. 集体主义文化与个体主义文化

儒家思想是集体主义文化的思想根基，汉语文化中更重视一个人是某个集体中的人（a group member）这个概念，所有"个人"被看作是整个社会网中的一部分，不强调平等的规则，而是强调对群体的忠诚。集体主义者对他直接隶属的组织承担责任，如果不能完成这些责任和任务，他们就会感到丢脸。集体主义者对自己群体内的人很关心，甚至达到舍己救人、牺牲自我的地步，对群体外的人可能会很强硬。集体主义文化把"自我肯定"（self assertiveness）的行为看作是窘迫的，认为突出自我会破坏集体的和谐（harmony）。集体主义文化中强调互相帮助和对集体负责。任何个人的事都要在集体的协助下完成，一个人的事也是大家的事，朋友之间对个人事务要参与和关心。与集体主义（collectivism）和利他主义（altruism）相伴随的是无私的奉献精神（spirit of utter devotion），当国家、社会和他人的利益与个人利益相冲突时，传统道德价值观往往教育我们要舍弃个人利益，以国家、集体和他人利益为重，把国家、社会和他人的利益放在个人利益之上，这种无私奉献、公而忘私的精神一直受到社会推崇，受到民众敬仰。

西方的个体主义思想的哲学根基是自由主义（liberalism），它的基本主张是每个人都能做出合理的选择（make well-reasoned choices），有权依照平等和不干涉的原则（equality and non-interference）去过自己的生活，只要不触犯别人的权利，不触犯法律和规章制度，他们有权利追求个人的兴趣和爱好，一个好的公民是守法（law-abiding）和讲究平等的人（egalitarian）。在个人主义高度发达的社会中，它的成员逐渐学会并擅长表达自己的独特性（uniqueness）和自信心（self-confidence and assertiveness），表达个人的思想和情感，对于不同意见公开讨论，这些都是人们看重的交流方式。他们不害怕别人的关注（attention），因为这种关注才能证明他们的独特性。

2.重义轻利与财富光荣

中国传统文化对谈论财富是朦胧抽象的，对财富（钱）进行公开讨论的学者不多，历代学者也多是在探讨财富观的过程中渗透其财富思想，很少有人专门谈论财富本身是什么。中国社会的主流思想是儒家思想，儒与商是完全不同的两个概念，儒家思想创始人孔子认为，"儒"乃有道德操守的读书人，天职在于求道义（morality and justice），注重"修身、齐家、治国、平天下"，向来重义而轻利（justice outweighing benefit），追求的是成圣成贤的大道；商乃通货之民，其本性在于求利和求财，但是儒家思想并不鄙视商业行为，主张"义以求利"，不反对做官，不反对发财，儒家思想创始人孔子认为做官发财都必须符合道义，不能违背原则去追求富贵荣华。儒家财富观讨论的核心是义利关系，即财富的获取是否合乎伦理道德的规范。在道德和物质利益的关系上，儒家主张见利思义，德本财末，同时把义与公联系在一起，把利与私联系在一起，强调个人私利要服从国家公利。儒家义利观不仅规定了民众的行为规范，而且也为社会经济政策确立了指导思想。中国的儒商文化（culture of Confucian businessmen）是儒家思想运用于经济领域形成的商业文化，是我国传统文化的重要组成部分。中国近代儒商产生于近代民族资产阶级，特别是爱国实业家中。他们既积极吸收近代西方工商业思想和科学管理理念，又继承传统儒商文化，建构起近代儒商文化。近代儒商文化主要包括七方面内容：传承儒家仁道精神、秉承义利合一的经营之道、以诚信为本做忠信之商、克己敬业勤俭守成、浓厚家国情怀倡行实业救国、强烈社会责任感以及热心公益慈善事业。与西方近代商业文化片面崇尚工具理性不同，近代儒商文化弘扬儒家人文精神，将道德性的价值理性和功利性的工具理性相统一，富有民族文化特色。

财富观是人们对于财富的态度和观念以及为了获得财富而采取的途径和方法的理论指导。西方历史上长期受基督教"上帝为大家，人人为自己"（God for all, every man for himself）价值观念的洗礼，宗教教义为资本主义发展提供了获取财富的道德依据，使个人奋斗、追求财富合法化，使财富成为社会合理的资本。在发展市场经济模式上推崇私利，认为私有制度（private ownership）更符合人性，相对财产公有（public ownership）能给人带来更多的快乐。基督教伦理为资本主义企业家提供了心理驱动力和道德能量，基督教孕育、生成了西方企业家精神（western entrepreneurship spirit）。新教徒企业家对金钱财富无止境地追逐是出于"天职"（bounden duty）伦理，是上帝安排的工作，赚钱是为了彰显圣德。

## 二、中西价值取向对于英汉翻译的影响

### （一）人名和地址的影响

推崇集体主义文化的中国在命名时通常会注意名字的意义，而且在命名方面很有创意，组合形式无限。中文名字表达了父母对孩子的期盼，但要避开长辈名字中的字，甚至谐音都不允许，对长辈及领袖的尊重包含对其姓名的尊重，对版权所有极为尊重。在汉语人名中姓在名前，而且同一家族的人往往倾向于名字中共用某一个字，尤其是男性，像某些姓如"孔""孟"等

从名字中还能看出辈分。汉语地址是按地域从大到小的归属顺序排列，如"北京市海淀区清河小营东路12号北京信息科技大学图书馆"。

西方父母给孩子起名字时通常会表达一种纪念，用他们羡慕的人或爱戴的人的名字给新生儿命名，很可能会用祖父或祖母的名字或名人的名字。英文名字中 given name，还包含一个 middle name 或 Christian name。英文名字注重其纪念意义，但是需要注意的是，名字与姓构成的首字母缩写（initials）不要生成一个贬损的词语（uncomplimentary word），如 Andrew Simon Smith，Edward Grey，Machael Adam Davies，Graham Adam Yiend，Fiona Alice Tanner，Nichola Ann Green 等。英文中名字在前，姓在后，如 Bill Clinton，George Bush，Michael Jordan。英语地址是最小的地名写在最前面，最大范围的地点写在后面，在信件地址上明显可以看到这样的例子，如 Mr.Smith，947 Flat Holtow Marina Road，Speedwell，TN37870，USA。

## （二）问候语、称谓语的影响

称谓语在问候语中起着举足轻重的作用，中国人习惯对他人问候时先称呼对方再问候。中国人按照尊卑有序的原则问候他人。遇到长者、上司、服务对象等对自己来说身份地位比较尊贵时，一般会采用"您好"来问好。遇到与自己同级或小于自己的一般会用"你好"来问好。中国人打招呼时常谈论的是吃饭、家庭、收入等话题。例如，对于很熟悉的朋友，可以问："去上班啊？""吃了吗？""上哪呢？"等，这些问候的目的是打招呼，而不是真的想得到被问候人对于此类问题的答案，在中国人看来，这种询问式问候方式体现了对他人的关心和重视。

西方人对于问候语不会过多讲究，基本问好模式比较固定，经常用的几个常见的问好的句子有："Nice to meet you!""How do you do!""How are you!""Hello!"。人们见面一般习惯于谈论天气和近况，如英国人见面有时会说"It is cooler today, isn't it？"或者问"It's a nice day, isn't it？""How are you going？"。对方不需要详细解释，问候不涉及对方的隐私。英语中对于特别熟悉的人常用的问候语"Hi！"，相当于汉语的"你好"。英语问候语中，祝愿性质的问候语比较多，如 Good morning/Good afternoon/Good

## 第二章  英汉翻译与跨文化传播

evening 等。

中西方的问候语都自成系统。在跨文化交际的过程中，应避免使用本国的问候语。例如，中国人在问候英美人时，应避免使用"Have you eaten？"或者"Where are you going？"等这类的中国式英语，这种问候不被西方人接受，还会造成误解，应该选择西方人常用的语句，内容上选择对方日常讨论的话题，避免敏感话题。对于西方人来说，如果在中国旅游，遇到略懂英语的老百姓问候自己，可能会被问到家庭、收入、职业、国家等问题，请予以善意的理解，毕竟这些话题是中国人千百年来与他人交流的内容，只是聊家常套近乎，不是故意针对个人发难。

中国是一个讲究礼仪的国家，称谓严谨，在称呼上很重视辈分的区分，自古就讲究"长幼有序，尊卑分明"（age is orderly and hierarchy is distinct）。正所谓"君君臣臣，父父子子"。如果不讲究辈分，不懂尊卑，就会认为你不懂礼貌，没有教养，因此在称呼上体现出彼此之间的辈分关系。长辈对晚辈主要的称呼方式就是直呼其名，或者是用昵称来称呼孩子。晚辈对长辈的称呼就严格了很多。一般来说，晚辈必须按照辈分来称呼长辈。如果晚辈对长辈直呼其名，肯定会被当成是大逆不道的行为。汉语中对父系亲属和母系亲属都有不同称谓，如奶奶、姥姥、姑姑、姨妈、舅舅，体现出对血缘和亲属关系的重视。汉语中常用亲戚称谓语称呼陌生人，如小朋友称呼陌生人为叔叔、阿姨。汉语中正式场合一般用全名（姓氏加名字）称呼比较多，比较亲近的人之间单用名字（不加姓氏）称呼较多。汉语中还有用大、小、老等字加姓的称谓方式。汉语用名衔作称谓语很多，如王主任、刘科长、张馆长。

英文中对他人的称呼就简单很多了。无论上级或下属，也无论对方年纪大小，英文中比较推崇的称呼方法就是叫对方的名字，在同事之间的称呼依然是姓名。英美人认为用姓名来称呼对方，能营造一种平等自由的气氛，符合西方人追求平等的特性。英语中通常可以用名字（given name）称呼某人，姓很少用，只用于名人和要人，全名只在正式场合下用。英语中可以用 big 或 little 在名前表示个头或年龄的特点，如 Big Joe，little Tom。英语中表示对权威者（authority）的尊重的词语比较少，President 通常可以加上姓使用。英语正式的称谓主要是运用 Mr., Mrs., Miss 和 Ms.这四个词。其中 Mr.是用来称呼男性的，任何未婚或已婚的男子，都可以用 Mr.+姓这种方式称呼，如 John Smith 可以称为 Mr. Smith。而女性的称呼语有三个，分别是 Miss，Ms.和 Mrs.。在这三个词中 Miss 是用来称呼未婚女子的；Mrs.则是对已婚妇女的称呼；越来越多的人倾向于使用 Ms.（女士），因为这个中性词无需体现被称呼者的婚姻状况，更容易被女性接受。英语中亲属称谓只用于亲属，亲属之间的称呼有时直呼名，有时也用亲属称呼语，亲属称呼语也是按辈分称呼，直系和旁系亲属用词一样，爷爷、外公都用 grandfather，奶奶、外婆都用 grandmother，叔叔和舅舅都用 uncle 来称呼，婶婶、姑姑和舅妈都通称 aunt。

## （三）人际关系以及交往中用词的差异表现

个体主义者相信平等（equality），对待上级和下级一个样，对待朋友和陌生人一样。个体主义者不强调对群体内部的人要负责任，对孩子个人的事物干涉会少，对老年人的照顾也缺乏，对待客人的态度也是以不过分干涉为原则，"Help yourself to..."是常见的礼貌用语，各种礼让（offer）也是一次就够。

集体主义强调听从和敬重（deference），对社会阶层（social hierarchy）中比他低或高的人得到的待遇有明显差异。集体主义者非常重视群体内部的人之间的责任，家长对孩子有严格的监管权，而赡养老人是一件义不容辞的责任，孝顺（filial）是衡量一个人品质的重要因素。对待客人，主人是一个有"特权"的人，礼让次数越多，越显示出热情，越是表现出极大的强迫性，越能体现出好客。

中英文社交称谓中还有一个特别的差异，就是敬称与谦称的使用。中文里的敬称有很多，如古汉语中的令尊、令堂和令郎，现代汉语中仍在使用的贵校、贵姓及贵庚。中文谦称有晚辈、在下、卑职、寒舍等。英语中也有一些尊称和敬语，如对国王或女王可直接用敬语 Your Majesty 或 Her Majesty（陛下或女王陛下），对亲王则说 Your Highness（殿下），对法官称 Your Honor（先生或阁下），但数量有限。谦称在英语中实属罕见。值得关注的是，英语中只有表示自己的"I"和表示上帝的"He"无论在句首或句中都是大写。

## （四）对于词语联想意义的影响

在中国传统文化中，"自我"往往不被认为是最重要的，因为自我不是独立存在的，他必须附属于某个社会群体而存在，而这个群体才是最重要的实体，这便是中国文化中备受推崇的集体主义观念。因此，汉语中常用"我"和"咱"暗射一个群体而不是个性分明的自己，这种现象与中国文化密切相关。日常对话中，说话者为了与听话者维持友善的交际关系，他常常会从听话者视角出发运用语用移情，将自己置身于一个群体中，模糊自我。说话者往往会用"咱"表示自己，用第一人称复数代替第一人称单数，相当于用 We 代替 I，也就是用移情的技巧将自己与听话者置于同一个群体中，缩短与听话者的心理距离，如"咱们学校""咱们中国人"，增强了听话者对说话者话语内容的认同。除了"咱"，汉语中的"我"有时也会起到语用移情的作用，将自己置于一个团体中，表达一种模糊意义，不是指代说话者自己而是指包括自己在内的一个群体"我们"的意思，如"还我河山！还我青岛！"（Return our homeland, and return our Qingdao!）另外，汉语的礼貌原则和自谦原则与人称指示词密不可分，贬己尊人是汉语礼貌准则中的一条，表示自谦的词语很多，如晚生、在下、小人、鄙人等，虽然这些词语现在不常用，但这种贬己尊人的礼貌原则和语用移情的对话技巧却保留下来并成为中国文化的一部分。

与汉语中存在多种表达"我"的人称指示词不一样，英语中第一人称单数的指示语只用一种只有"I"及其相应的词形变化（me，my，myself），而且英语中的"I"指代性非常清楚具体，就指代"我"，不存在模糊自己身份的情况。说话者用"I"强调自己是独立个体，将自己排除在群体之外，运用语用移情手段，给听话人一种心理距离感。

另外，英语中的"I"往往会让说话者看起来很有权威性、有主见和个性，美国前总统里根在竞选第二任期总统职位的演讲中使用了很多"I"，如其中一段："Tonight, I'm here for a different reason. I've come to a difficult personal decision as to whether or, not I should seek reflection."让他给民众留

下一种有个性、有能力、有魅力和值得信赖的印象。在演讲中，里根用"I"这种语用移情手段，突出个性，这正与他标榜的个人主义、人权和自由的竞选标语不谋而合。这也从另一个侧面反映出西方文化对"民主"一词的诠释和理解，西方人眼中的民主、自由是跟"个体""个性"这些字眼密不可分的。

就英语中的语用移情指示语"I"而言，说英语的西方国家一直深受Do-It-Yourself 行为准则的影响，所以不论是说话者还是听话者都习惯了自己要对自己的行为和观点负责，习惯了站在个人的角度去思考和解决问题，在他们看来，脱离群体的个体才是值得推崇的，是有个性的有自由的人。而且，受个人主义和人本思想的影响，西方文化鼓励人们自由发表个人观点，突显自我。因此，西方文化强调个体和他人之间的界限要分明，个体与他人之间要存在适度的距离。据调查，中国作者在学术论文中对第一人称代词的使用与英语本族语者存在较大差异。英语本族语者更倾向于选用第一人称的单数形式来凸显研究的独特性和新颖性，中国作者则优先选用其复数形式来强调其团体属性。

## （五）对独处隐私的不同态度及用词

西方文化，尤其是美国文化，比较注重个人的价值。个人主义的文化强调自我意识、自主性及情感上的独立性，着眼于个人的首创精神，保护个人隐私和私有财产，追求个人物质的满足，个人目标凌驾于集体目标之上，认为每个人都是自己的主人。西方人会刻意展现自身特点，注重依靠自我与保护自我，把外在的个人利益看得很重。西方人认为社会有必要满足个人的需求，个人的权力要高于社会需求。个体主义者重视独立（independence）和自立（self-reliance），在其文化中的基本单位是个人而非集体，他们需要表现出与众不同，而且需要私人空间来避开公众的视线，也就是"隐私空间"（private space）。英语国家的人看到别人买来的东西，从不去问价钱多少；见到别人外出或回来也不会去问上一句"你从哪里来？"或"去哪儿？"；至于收入多少更是不能随便问的事。若谁在这些方面提出问题，定会遭人厌恶。美国人往往用"You've nosed into my affairs."（鼻子伸到人家的私生活里来了）这句话来表示对提问人的不满。

中国人一般高度重视社会关系，隐私观念不强。熟人见面时往往关心地问对方："吃了吗？"或客气地询问："你到哪里去？""你在忙什么？"等问候语来表示寒暄，大家都习以为常，因为大家彼此心里也清楚这些问候只是街坊邻居、熟人同事在路上相遇时说的一句客套话。这种传统的问候方式体现了中国源远流长的熟人圈文化，也反映了千百年来人们对饮食的注重。中国人私事观念不强，主要是传统群体生活中不分彼此留下的遗迹。在西方人眼里视为"隐私"，需要保护或者不能过问的事情，在中国人眼里是可以过问甚至是关心他人的具体体现。

## （六）对学校教育的影响

西方教育是一种尝试教育，先让学生尝试进行体验，在体验中发现难点，然后在解决难点中积累经验，最后得出自己的结论。西方教师往往像朋友一样，和学生一起探索问题。当学生遇到疑惑时，会耐心指导他们去图书馆寻找答案，培养其独立思考和解决问题的能力。西方高等学校课堂及高校教学的重要方式包括：小组讨论（group discussion）、演讲展示（presentation）、即兴秀（show off the cuff）、角色扮演（show & roll play）以及话题辩论（topic debate & discussion）。基础教育中经常采用的教育方式有晨间讨论会（morning meeting）、即兴发言（free talk）等。课堂上，教师惯于采用引导式教学，学生采用辩论式学习。双方共同强调个人观点的表达，收集支撑论据，运用逻辑思维方式，经过实际思考或实验等证明个人观点的正确与否，只要说得有理有据即可（Everything is okay with evidence）。在这种鼓励个人表达的教育环境中，独立思考、勇于表现被不断提倡，形成教与学的良性循环，营造了活泼的教育氛围。这种"引导—辩论"或"引导—实践"的模式能双向传递信息，并保留了教育中的思考过程，有利于培养个人的逻辑思维、语言表达、自主解决问题的能力。简单地说，西方的辩论课是学生为自己的观点辩论，是主动学习、有序探讨、科学研究的过程。这种"引导—辩论"（guided teaching）或"引导—实践"（practical teaching）的教育方式也存在弊端，即由于学生讨论耗时多、观点庞杂，或学生思考速度不同等，容易导致教学进度缓慢。

在中国，教师处于主体地位，学生处于被动状态。在灌输式教育（cramming education）的课堂上，学生们往往有良好的学科基础和记忆能力。学校对孩子的教育，基本上都采用了训导式教学（indoctrination in education），即由教师主讲并引导课堂。从学龄前教育开始，教师就已经开始进行训导教育，教师讲授给学生：这是什么、这能干什么、你不能这样做或你应该做什么。教育目的与结果都是正确的，唯独缺少质疑的过程。久而久之，学龄前儿童产生懒于思考的习惯。训导式教育下，学生的思维在一定程度上有了定势，出现了疲于思考、难以创新的现象。知识的说教式灌输和权威的不可挑战定势，久而久之一定会造成个人主观能动性的进取型缺欠。在单方传授的训导模式下，中国教育注重"经验之谈"（voice of experience）。教师将已有经验进行归纳总结，直接传授给学生。这种总结经验的教育方式能够节约时间，实现传授知识的效率，也便于扩大知识普及范围，因此学生对知识的掌握是十分扎实的，但往往容易忽略学生本身的主观能动性，不利于学生创新思维的发展。

## （七）对家庭教育的影响

在西方，家庭教育旨在提升孩子独立能力，尽可能提供让孩子自由发展的机会，锻炼其自主能力以适应多种多样的环境。鼓励孩子参与动手制作，帮家人分担家务，和父母修理花园，鼓励青少年做点兼职，体验参与社会生活。潜移默化地鼓励其自食其力，学会承担一定的家庭和社会责任，培养孩子的责任感（sense of responsibility）和独立意识（independent consciousness）。西方的家庭教育把孩子的心理健康（mental health）看得十分重要。他们十分注重和孩子的交流，聆听孩子的内心需求。遇到问题时，他们的做法不是擅作主张，取而代之的是和孩子一起商量和探讨。正如"快乐教育"（happy education）在西方的开展，家长不仅仅是孩子的监护人，更是孩子成长路上心灵的引路人，是孩子的大朋友。

中国家庭教育对孩子高要求、高期望。在孩子的成长过程中，家长往往照顾孩子的全部生活，洗衣、做饭、清扫、理财等，学习成为留给孩子的唯一任务。孩子的自主意识（independent consciousness）、道德品质（moral character）、心理健康等容易被家长忽略。家庭教育以培养孩子成才为目标，父母承担了孩子的未来规划。在这种教育环境中，孩子"成才"路上遇到的风险相对较少，在父母的规划下，成长过程也能相对平稳顺利。中国孩子的心理需求经常是被家长忽视的一个方面，在对坚定的意志、健康的性格、优良的道德品质的培养上存在不足。孩子被家长人为地隔绝在较为封闭的圈子内，以至于社会体验过少，独自面对坎坷时抗压能力相对不足。好在近些年来，关注未成年人心理健康已逐渐形成趋势，应当能在未来的教育中有所发展。

# 第二节 跨文化传播视角下英汉翻译的原则

## 一、目的原则

目的论认为，所有的翻译活动都应该以目的原则为行动指南，即在目的语的语境和文化中，翻译行为应该朝着满足目的语读者需求的方向发展。翻译目的在整个翻译过程中起着决定性的作用。同时，翻译的过程并不是只有一个目的。翻译目的可分为三类：（1）译者的经济目的（如养家糊口）；（2）翻译的交际目的（如给读者的启示）；（3）特定翻译策略和方法的目的，如直译以保持源语的特点。因此，在翻译之前，译者首先要确定文本的翻译语境和目的，然后根据翻译目的选择相应的翻译方法。

## 二、连贯原则

连贯原则认为,译文必须符合语内连贯,即处理好译文文本与目的语文化之间的关系,译文应具有可接受性和可读性,应使受众理解并在译入语文化及使用译文的交际语境中有意义。

## 三、忠实原则

忠实原则要求译者对翻译过程中的各方参与者负责(目标语读者和原文作者),忠实于原文作者是忠实原则的核心所在,在此基础上,在译文的翻译目的与作者本意之间进行适当的调和。好的翻译应该以交际目的和忠诚的翻译原则为基础。

# 第三节 跨文化传播视角下英汉翻译的策略

## 一、常见的翻译策略

英汉翻译最主要的任务是高度准确传递特定信息,所以在翻译策略的选择上以传递信息的目的为主,追求结构地道、表达精准。可以采用如下几种方法。

# 第二章　英汉翻译与跨文化传播

## （一）直译

简单地说，直译是一种既保留原文内容又保留原文形式的翻译方法。直译最显著的优点之一就是保留了原文的意思和风格。例如：

鼓励采取市场化方式，妥善解决融资平台到期债务问题，不能搞"半拉子"工程。

We will encourage the adoption of market approaches to solve the issue of maturing debts on financing platforms and make sure that projects financed by such debts are not stopped half way.

在中国，"半拉子"工程表示项目进行一半也许超过一半，总之没有完成，或由于某些因素，它无缘无故地停止或拖延多年也没有结果。"半拉子"工程直接译为 projects stopped half way，清晰明了，让读者一目了然。

各级政府及其工作人员要求真务实、力戒浮华。

All levels and employees of government should be down to earth and practical and eschewing doing things for show.

在汉语中"求真务实""力戒浮华"即真抓实干，务求实效，不能不顾实际，贪图表面的华丽与阔气。在这里直接译为 down to earth and practical and eschewing doing things for show，意思一目了然。

## （二）意译

意译是根据原文的意思来翻译，而不是逐字逐句地翻译。由于文化差异，在政府工作报告中，许多具有中国特色的词汇都是在意译的指导下进行翻译的。例如：

这次减税，着眼"放水养鱼"、增强发展后劲并考虑财政可持续。

Our moves to cut tax on this occasion aim at an accommodative effect to strengthen the basis for sustained growth while also considering the need to ensure fiscal sustainability.

"放水养鱼"即为了实现某个目标，必须创造有利的环境，只有这样，才能实现各方利益的统一。在这里译成 accommodative effect，"水"或"鱼"

只字未提，译者采用意译的方法，更易于读者理解。

## （三）增译

增译法指在原文基础上稍加必要的解释部分，使翻译与跨文化交际目的匹配，符合作者的表达内容，使译文和原文在内容、形式和精神上对等。比如，西方的杂志或报纸在传递中国新闻时常常会进行增译，如领导人职位、某些新会议精神以及新的国家倡议的介绍等。

## （四）省译

所谓省译，就是在翻译的过程中，省略原文中需要而译文中不需要的词语和短语，主要为执行其朴实通顺、简洁有力的特点。在十九届四中全会报告的英译本中，随处可见省译的使用："加快建设职能科学、权责法定、执法严明、公开公正、廉洁高效、守法诚信的法治政府"，翻译仅"中国将努力建设一个守法的政府"这一主干部分。

# 二、语用翻译策略

## （一）转换翻译

转换翻译，即在翻译过程中，词序的重组要首先考虑逻辑意义关系，再考虑表达中语法的正确性，翻译时将句中的某一成分转换成另一种成分。例如，有些英语句子从形式上看是定语从句，但从语用意义上分析却具有状语从句的性质和功能，翻译时应分析原文主句和从句之间的逻辑关系，如表示目的、条件、结果、让步、原因及时间等，然后译成相应的状语分句。[①]再如，把一些非人称主语转换成汉语的状语以再现句子的逻辑意义。还有一些情况是，根据上下文的语用意义，将某种状语从句转换成其他类型的状语从句。

因此，当语言语境因素，如从语法意义、语义意义等方面无法传递源语所表达的真实逻辑意义时，就应优先考虑语用因素，即语用意义，如翻译目的、翻译动机和译入语读者等因素，从而准确传递语用意义，实现交际意图。

（1）英语的定语从句转换为汉语的状语从句。例如：

In a dispute between two states with which one is friendly, try not to get involved.

当两国发生争端时，如与两国都友好，则力避卷入。

该例的定语从句含有表条件的状语意义，即"如与两国都友好"，为了使汉语译文更为流畅通顺、更合逻辑，翻译时根据其实际语用意义，将原文转换成汉语的条件状语从句。

I could not recognize him who had changed so much in the past ten years.

我几乎认不出他了，因为在过去十年中，他变得太多了。

该例的定语从句的实际语义是"在过去十年中，他变得太多了"，表原因。译文处理时优先考虑其实际语用意义，译为原因状语从句。

（2）英语的非人称主语转换成汉语的状语。除了一些定语从句含有状语意义，根据语境分别用不同含义的状语从句来翻译。然而，主语通常作为动作的执行者，或谓语所陈述的对象，在某些英语句子中的非人称主语也含有状语意义，其功能相当于状语，翻译时也要根据语境，用状语形式来翻译，以实现其实际交际效果。例如：

To translate this ideal into reality requires hard work.

要把这种理想变为现实，我们得辛勤劳动。

该例的主语含有目的意义，翻译时转换成表目的的状语符合原句的逻辑意义，常见于不定式作主语的句子。

This field witnessed a battle.

---

[①] 冯庆华. 汉英翻译基础教程[M]. 北京：高等教育出版社，2008.

这片土地上曾打过仗。

该例的主语是地点，谓语是"见证"，句子主语含有状语意义，这句话相当于"A battle was fought in this field."这句话遵循了汉语表达习惯及其语境，主语转换成表地点的状语，译文读起来通顺自然。

（3）状语从句类型转换。充分考虑到语言语境因素，如篇章内部上下文的环境，如词、短语、语段或篇章的前后关系，在翻译某种状语从句将它转成其他类型的状语从句，使译文更加符合汉语习惯。例如：

We can't stop the job until we have the approval from the authority concerned.

如果没有相关当局的批准，我们就不能开始这项工作。

该例的实际语境意义是"没有……的话，就不能……"，将until引导的时间状语从句转译成条件状语从句是基于汉语语境的考量。

Something further must be down to the amplified signals before that can be sent to the transmitting antenna.

对于放大了的信号，必须做进一步的处理后，才能把它们传送到发射天线上去。

该例将before引导的时间状语从句转译为条件状语从句"必须……才……"，使其符合句子的语境意义，且更为连贯。

以上的英语定语从句、非人称主语及状语从句类型等的转换译例，充分说明语用翻译策略的运用对翻译的交际效果产生积极影响，能更好地达到原句的实际语用交际目的，是加强语气效果的有效途径。

## （二）英汉对译

对译中弥补文化差异，采用本国语言文字中已有的词汇套用之，弥补语境中的文化差异。因为认知环境的不同，不同语言的比喻用法也各不相同，同时人类的思维在很多时候是相通的，一种语言往往能在另一种语言中找到相对应的表达，只是有时喻体不同，而语用含意却相等，所以翻译最好采用套译的方法，既能保证源语的语言特色与文化，又能传达目的语言的内涵，便于目的语接收者理解，同时又可以看出两种语言的互通性，增强文化交流及文化认同感，如中英文里面有一类习语可以完全套用，传达相同的意思，同时又存在于源语和目的语之间。①例如：

Love me, love my dog.

爱屋及乌。

该例如果直译成"爱我的话，也爱我的狗"。这样的译法读起来甚是别扭拗口，中文语境里有习语与之十分相像，那就是爱屋及乌，套译过来，十分贴切，不仅能准确地传达出所要表达的意思，还能彰显两国语言在文化上的共同精华。要注意的是，套译法的应用也不是随心所欲的，应慎防对文化语境差异的估计不足而导致的误译。

## （三）全面嵌入译法

语用含意的全面嵌入译法指翻译含有较强的文化特色的源语时，在目的语中没有相对应的同义表达方式，就不应拘泥于原文的内容与形式，而是经过解析后以另外的形式把真正含义表达出来，全面嵌入语用含意。不同民族的特殊思维方式，会导致不同词语表达方式的巨大差异。从语用学理论来看，语用翻译把翻译看作是一种跨文化交际活动，强调译文应再现原文的语用潜力，译出源语表达方式在特定语境中隐含的语用含意，使译文与原文达到语用等效。因此，在翻译的重构过程中，我们一定要注意选用适合于译文语言环境的表达方式来再现原作者的真实意图，确保读者对原作者的真实意图的正确把握和识别。例如：

The Best Car for 2001 has just gotten better.

青出于蓝，更胜于蓝！

这则"宝马"公司广告标语的创造性翻译直接采用了汉语的习惯表达法，没有关于产品的任何直接信息或宣传，却起到了事半功倍的宣传效果。消费者自会做这样的联想：这款汽车是在之前基础上研发的，性能、配置各方面肯定超越了之前的同款汽车。可见，这一译例优先语用等效，完全顺应中文的文化语境。

---

① 蒋磊. 英汉文化差异与广告的语用翻译[J]. 中国翻译，2002，(3).

One can't swing a samuri sword here and not hit a place that has ready-made gifts for the picking.

随便在什么地方都可以买到礼物。

该例原文借用 swing a samuri sword 替换 swing a dead cat，意思是没地方或空间，使原文更有韵味。应了解 swing a samuri sword 的比喻意义，阻断其比喻形象，采取语用含意的全面嵌入来翻译，因为该词比喻形象在中文里没有对应的比喻意义。

这些译例既保留了源语文化特色，译语的语用等效也达到了，同时还丰富了目的语的语言类型和形式，真正使翻译起到传播文化的作用。所以，翻译蕴含文化语境的词语，不是简单的意义对等传输，需要译者对源语和目的语文化信息进行准确把握，不管是创造性地增，还是技巧性地减，不管是为了异国情调的异化，还是为了洋为中用或入乡随俗的归化，只要能符合原文的语境和原作者的意图，体现原文的语用效果，译者采用什么样的语用策略都是切实可行的。

## 三、功能对等翻译策略

翻译是用最恰当、自然和对等的语言再现源语的信息，包括从语义到文体的再现。[1]在奈达看来，功能对等应优先于形式对等，但并非只顾内容，而不顾形式，在做到内容信息对等的同时，尽可能在形式上也要求对等，但二者中，优先考虑内容对等。

奈达在其专著《翻译的科学》中，基于翻译的本质，首次从语言学的角度提出动态对等概念，对等内容包括以下四方面。

（1）词汇对等。一个词的意义在于其在语言中的用法，在目的语中找到对应的意义。

---

[1] 郭建中.当代美国翻译理论[M].武汉：湖北教育出版社，1999.

（2）句法对等。译者不仅要清楚目的语语言是否存在这一结构，而且要明白此结构的使用频率。

（3）篇章对等。进行语篇分析时不能只分析语言本身，而要看语言怎样在特定语境中体现意义和功能。

（4）文体对等。不同文体的翻译作品有各自独特的语言特征。只有在同时掌握源语和目的语两种语言特征，且能熟练运用两种语言的情况下，译者才能创造出真实体现源语风格的翻译作品。

## （一）词汇层面的翻译处理

严格来讲，英汉词汇之间并非对应关系。对于汉语特色文化词语在英语文本中的翻译，其在功能上的对等是指汉语意义可用不同的英语表达方式来体现。因为译者在翻译过程中的首要目标应是使原文和译文处于内容和信息对等的关系，而非追求原文和译文使用同一语言表达形式。例如：

直到1953年12月，第一版《新华字典》才终于杀青付梓。

It was not until December 1953 that the first edition of *Xinhua Dictionary* was finally available.

成语"杀青付梓"意为"写定著作，完成作品且书稿雕版印刷"，对于西方读者而言，这一中国古代书籍的制作流程是较陌生的，如完全根据原意翻译未免过于啰嗦生涩，所以在译文中，通过改变词汇形式进行处理，又根据英语表达习惯，对于流通的商品一般使用 available 表达，因而选择这一词语以实现原文和译文词汇层面上的对等。

总之，初学者得之，固以为得所依傍，实则未能解决问题，或仅在解决与不解决之间。

In a word, when beginners got it, they may take it for grounded that they can count on it, but in fact the problem still remain unsolved in their head, or only in-between.

根据功能对等论，译者不能过分苛求原文形式，所以句末的"或仅在解决与不解决之间"就没有必要死板地直译成 or just between resolving and not resolving，应灵活地进行改变，译成符合英语读者逻辑思维和表达习惯的译文,所以用 in-between 一词代替,避免词语的多次使用造成句子的冗杂和拖沓。

## (二)句子层面的翻译处理

奈达认为,在必要时翻译不应过分强调与原文完全对等,而应在充分理解原文的基础上,根据目的语读者的逻辑思维关系,及时、恰当地改变原文的表达方式,使译文符合目的语读者的逻辑思维和表达习惯。例如:

按理说,有这样一个专业的团队,凭借这样的敬业精神,编出一部高质量的字典指日可待,但事实却并非如此简单。

It's reasonable to say that with such a professional team and such dedication, the preparation of a high-quality dictionary was just around the corner, but the fact showed otherwise.

句中"但事实却并非如此简单",如按字面意思译为 but the truth was: it's not that simple 虽无错误,但根据句法对等原则,译者需明确句子中心及句子各层次之间的关系,进而能更加细微地厘清句子中所涉及的各种细节。在分析后便可知此句所表达的意思是要和"指日可待"形成对比,为更好地传递原文意思,译成 but the fact showed otherwise,不仅强调了原文目的,将 fact 作为主语后,句子也更显灵活生动、简明干练。

## (三)语篇层面的翻译处理

在话语模式上,汉语表达偏含蓄委婉,注重铺垫,在语篇中主要采用断续分离和间接表达,更追求行文的节奏和韵律。①但英语国家属于纵向思维模式,表达习惯思想开放,直接切入主题,语义关系一目了然。由于中西方文化的差异,便可在翻译过程中调整语序,使文章连贯一致,符合英语表达的特点。例如:

---

① 郭建中.翻译文化因素中的异化与归化[J].上海外国语大学学报,1998,(2).

## 第二章　英汉翻译与跨文化传播

　　由于编撰者特别注重了"广收活语言"和"适合大众",这部字典比较真实地反映了民间汉语言鲜活的状态,能够让广大民众携至街头巷尾、田间地头,实用且亲切。而在国民基础教育未能普及、文盲半文盲数量巨大的过去数十年里,一部《新华字典》无异于一所没有围墙的"学校"。它为这个民族整体文化素质的提升,作出了巨大贡献。

　　Because the editors paid special attention to "the wide acceptance of vivid language" and "suitable for the public", so this dictionary can truly reflect the lively state of the folk Chinese language, as it can be carried by the general public to everywhere, and contained with practical kindness. In the past decades, when basic education was not widely popularized and the number of illiterate and semi-literate people was huge, a *Xinhua Dictionary* was no more than a school without walls, which has made great contributions to the improvement of the overall cultural quality of the nation.

　　功能对等首先注重的是对原意的完整传达,其次才是考虑译文与原文形式上的对等,即译文是否与原文的形式和顺序一致并非首要,而使译文能够准确地传达原文意思并且符合目的语读者的表达习惯更为关键。在语篇结构上,英语注重语法结构,汉语注重语义表达。因此,在语篇翻译时,考虑到英语读者的阅读习惯,对部分篇章的结构和语序进行了调整,如将文中的最后两句话"而在国民教育……巨大贡献"进行合并后以更为流畅的行文结构进行陈述,同时为达到英语表达的连贯性,用 as, with, which 等词引导小句以衔接上下文,以干练顺畅的语言进行翻译,体现英语表达的逻辑性和结构性。

# 第三章　英汉特殊词汇翻译与跨文化传播

在英汉语言中，人们在日常生活中形成了一些特色的词汇，并赋予了这些词汇特殊的文化内涵。在翻译过程中，译者需要对这些特殊词汇有充分的了解与认知，并深入把握其文化内涵，从而在翻译过程中准确传达其语义。本章主要研究英汉特殊词汇翻译与跨文化传播，包括英汉动植物翻译、英汉天气与节气翻译、英汉颜色与数字翻译。

# 第一节　英汉动物与植物翻译与跨文化传播

## 一、英汉动物翻译与跨文化传播

### (一)英汉动物词汇差异

1.英语动物词汇分析

动物(animal)是自然界生物(organism)中处于食物链高端的物种。罗马神话中 Faunus 是畜牧农林神，fauna 是动物群的意思；faunist 指动物区系研究者。

英国作为一个海洋国家，海洋文化方面的词汇中本族语的基础词汇非常丰富，含有拉丁词根或者希腊词根的英语词汇非常少。

(1)爬行类动物

reptile 中含有拉丁词根 rept，它的含义是爬行；希腊词根 creep 的含义也是爬行，它们的构词如下。

| 词汇 | 释义 | 扩展 |
| --- | --- | --- |
| reptile | n. 爬行动物 | reptant *adj.* 爬行的，匍匐的；reptilian *adj.* 爬行动物似的；reptilarium=reptilary *n.* 爬行动物馆(-ium 表示地点的后缀) |
| creep | v. 爬行，蠕动 | creepage *n.* 爬行，蠕动；creeper *n.* 爬行者；creeping *adj.* 爬行的，蠕动的；creepy *adj.* 蠕动的，令人毛骨悚然的；surreptitious *adj.* 偷偷摸摸的(sur-前缀，在下方) |

(2)鸟

基础英语词汇中鸟是 bird，学术一点的词汇禽类是 fowl，拉丁词根 avi 表示鸟，进而它有"飞行"的含义，它的变体是 au。下面是 avi, au 的构词形式。

## 第三章 英汉特殊词汇翻译与跨文化传播

| 词汇 | 释义 | 扩展 |
| --- | --- | --- |
| avian | *adj.* 鸟的，鸟类的 | aviary *n.* 养鸟房，大鸟笼，鸟舍；aviculture *n.* 养鸟，养鸟法 |
| aviate | *v.* 飞行，驾驶飞机（-ate 动词后缀） | aviation *n.* 飞行，航空，航空学；aviator *n.* 飞行员；aviatrix *n.* 女飞行员（-trix 表示女性的名词后缀） |
| auspice | *n.* 预兆，前兆（起源于观察鸟的飞行而进行） | auspicious *adj.* 幸运的，预示成功的；inauspicious *adj.* 不祥的，凶兆的 |

（3）哺乳动物

英语中哺乳动物的总称是 mammal，来自于拉丁词根 mamma，含义是乳房，这个词根的构词如下。

| 词汇 | 释义 | 扩展 |
| --- | --- | --- |
| mamilla | *n.* 乳头，乳头状的 | mamillary *adj.* 乳头的，乳头状的，乳房形；mamillated *adj.* 乳头状的，有乳头的；mammary *adj.* 乳房的，乳腺的；mammary gland *n.* 乳腺；mammectomy=mastectomy *n.* 乳房切除术（tomy 切割）；mammaplasty *n.* 乳房成形术 |
| mammal | *n.* 哺乳动物 | mammallike *adj.* 像哺乳动物的；mammalian *adj.* 哺乳动物的，哺乳纲的；mammaliferous *adj.* 有哺乳动物遗骸的；mammalogy *n.* 哺乳动物学；mammologist *n.* 哺乳动物学家 |

（4）节肢动物

除了哺乳动物，还有一种动物占比比较高，这种动物叫作节肢动物（arthropod）。下面是各种节肢动物的名词以及对它们进行解析。

| 词汇 | 意义及解析 | 扩展 |
| --- | --- | --- |
| arthropod | *n.* 节肢动物（arthro 希腊词根，关节） | arthropodal *adj.* 节肢动物的 |
| insect | *n.* 昆虫（in- 前缀，加强；sect 拉丁词根，切，割） | insectan *adj.* 昆虫的；insectlike *adj.* 像昆虫的；insectarium *n.* 昆虫饲养室（-ium 后缀，地点，场所） |

续表

| 词汇 | 意义及解析 | 扩展 |
| --- | --- | --- |
| mosquito | n. 蚊子（mosca 拉丁词根，飞） | mosquito coil n.蚊香；mosquitoey adj. 多蚊的；mosquitofish n. 食蚊鱼；mosquito hawk n. 蜻蜓；mosquito net n. 蚊帐 |
| centipede | n. 蜈蚣，百脚（cent 数字前缀，十；ped 脚，足） | |
| millepede/millipede | n. 倍足纲节肢动物（mille, 数字前缀，千，ped, 脚，足） | |
| parasite | n. 寄生生物，寄生虫（para-前缀，旁，侧，sito, 希腊词根，食物，在古希腊这个词指奉承逗乐的食客，逐步演化为寄生虫的含义） | parasitic adj. 寄生的；parasitically adv. 寄生地；parasiticide n. 杀寄生虫药；parasitize v. 寄生于；parasitism n. 寄生现象，寄生行为；parasitology n. 寄生物学，寄生虫学 |

*2.汉语动物词汇分析*

"禽兽"是鸟类和兽类的统称，也泛指"飞禽走兽"，它们与人类的生活关系非常密切。像汉民族就在长期的历史发展中，与各种鸟兽不断地接触，或是将某些鸟兽奉若神灵，或役使某些鸟兽服务于生产生活，或将某些鸟兽作为自身的食物来源，甚至根据鸟兽的形状和印迹，创造出一套象形文字体系，以记录自身的社会生活。

汉民族在漫长的历史长河中，不断观察鸟兽的生存环境、凶猛程度、形体大小、生存习性等特征，将其完全融入了自己的生产生活。不仅如此，华夏先民还根据鸟兽的行迹与体态、形状等创作了《周易》八卦，甚至为记录自身的社会生活，传承华夏文明，先民们还根据鸟兽的行迹与体态、形状等创制出汉字。可以说，鸟兽与汉文化有着千丝万缕的联系，也正因为这样，在汉语中出现了大量与鸟兽有关的文化词汇。

汉语中文化词汇的产生及类聚自然是源于汉民族的文化心理、民族性格、生存环境等因素，因此很多与鸟兽有关的文化词汇深深打上了自己的民族烙印。比如，在汉语中，"狗"一般被赋予贬义，像"狗急跳墙、鸡鸣狗

## 第三章　英汉特殊词汇翻译与跨文化传播

盗、狗仗人势、狗血喷头、狗头军师、狼心狗肺、蝇营狗苟、鸡零狗碎"等成语和俗语均带有浓厚的贬义色彩。但是在西方，人们通常将狗作为宠物来养，狗也被人们认为是人类最好的朋友，因此西方人对于食狗肉十分反感。当然，dog 在英语中有时含有贬义，但总体来说属中性义或含褒义的情况居多。

（1）龙和凤

在古人的心目中，"龙"是神灵，拥有超自然的神力，能兴云布雨。中国古代是农耕社会，而且在生产力不发达的封建时代，人们基本上是靠天吃饭，雨水直接关系到粮食的收成，因此汉语中有"及时雨、春雨贵如油"等俗语和谚语。为祈求龙王能根据农作物的需要及时降雨，风调雨顺，五谷丰登，汉族民间各地都建有"龙王庙"来祭祀龙王。

现代汉语中，还有许多与龙有关的成语，也多为褒扬、赞美之意，如"龙飞凤舞、龙眉凤目、龙踏虎踞、生龙活虎、乘龙快婿、望子成龙、车水马龙"等。可以说，"龙"直接渗入到人们的社会生活之中。

（2）鸡

鸡的文化内涵相对要复杂一些，因"鸡"与"吉"谐音而有吉祥如意之意，如"金鸡报晓、大鸡（吉）大利"；山东一带曾经还有一种"大鸡"牌香烟，红色的包装盒上印着一只昂首挺立的大公鸡，因"大鸡"谐音"大吉"，又是一种非常吉利的红色包装，因此这种牌子的香烟曾经作为婚事上的必用烟而流行一时。但更多的时候，"鸡"的文化含义都是负面的，如"呆若木鸡、狗盗鸡鸣、鹤立鸡群、鸡飞蛋打、鸡犬升天、杀鸡儆猴"等，这些词语均反映出"鸡"浅薄、渺小的一面。

另外，鸡身上有羽毛，杀鸡后当然要把鸡毛先拔下来或褪下来。在生活中，鸡毛除了能做鸡毛掸子之外，基本上是琐碎而没有什么大用的，跟从大蒜上剥下来的皮一样，没有什么实用价值，可谓无关紧要。因此，汉语中有"鸡毛蒜皮"一词，比喻生活中那些无关紧要的琐碎小事或毫无价值的东西。

（3）老鼠

老鼠是杂食类哺乳动物，有五百余种，其中家鼠与人类关系密切，具有极强的破坏力，属于有害动物，消耗人类的粮食，破坏大量财物，因此老鼠又被称为"耗子"。因其给人们的生活带来很多麻烦，自然常常遭受人类打击,故"鼠"字头顶着一个"臼"字,意为"屡遭打击,总是击而不破,打而不尽"。正因如此,在汉语里,与老鼠有关的文化词汇均带有"胆小、卑微、不受人们欢迎、不够正大光明"的意思。

不仅人类不喜欢老鼠,"猫"与"鼠"也是死对头,因此汉语里又有了"瞎猫碰上死耗子"的俗语,意谓"某人的成功具有很大的偶然性"。正是因为人类不喜欢老鼠,故而汉语中有很多成语用来描绘老鼠的"卑微、胆怯、狼狈、懦弱"的形象,如"鼠目寸光":形容目光短浅,没有远见;"抱头鼠窜":形容急忙逃走的狼狈相;"胆小如鼠":形容胆量极小;"贼眉鼠眼":形容神情鬼鬼祟祟。

(4)兔子

在古代,兔子代表"月亮","金乌"指"太阳",因此在中国传统文化中,兔子还有一个美好的形象,那就是月宫中的"玉兔"。当然,兔子的形象也不完全都是正面的,因为兔子体形较小,力量弱小,为保护自己自然就会左顾右盼,显得有些多疑狡猾,因此汉语里有成语"狡兔三窟",语出《战国策》的名篇《冯谖客孟尝君》。文中冯谖说:"狡兔三窟,仅得免其死耳。今有一窟,未得高枕而卧也。"意思是狡兔有三窟才免去死亡的危险,你只有一处安身之所,不能高枕无忧啊!

另外,兔子的尾巴很短,这自然也是在长期的进化中形成的,因为短尾巴不易被人抓住,又方便在草木中快速奔跑。但是这一特点也被人们观察到,从而造出了很形象的歇后语:"兔子尾巴——长不了",多用来形容"邪恶的人或势力不会长久"。

(5)猴子

"好动、聪明、敏捷、机智、幽默"是猴子在中国文化中的隐喻特征。像《西游记》里的"孙悟空"是对猴子这些特性的最好诠释。"猴精"是像猴子那样机灵又精明的人,用机灵的猴子来比喻精明又机灵的人。而"猴急""猴子屁股坐不住""猴子吃辣椒——抓耳挠腮",这些词语都反映了猴子生性顽劣而又讨人喜欢的形象特点。

此外,"猴"和"侯"谐音,这又给"猴子"增添了一种吉祥的象征意义。因此,画一匹马,马背上站一猴子,这一图案寓意"马上封侯",这是多么吉祥的寓意啊!

猴子跟人类从外部特征来看，还是比较接近的，但相比人的长相，猴子的嘴巴尖尖的，脸颊很瘦削，实在是不好看。因此，人们就用"尖嘴猴腮"形容长得很丑、脸颊细瘦的人。

另外，猴子又似乎带有一点自大的特征，故人们也说"山中无老虎，猴子称大王"。因猴子顽劣自大，所以汉语中还有"杀鸡儆猴"的成语，意即通过杀掉鸡来吓唬猴子，即通过惩罚某人来警告其他的人。

## （二）英汉动物文化的翻译与传播

### 1.尽可能用同样的动物翻译

动物的特性是超越国界的，这一点是直译动物词的基础，此外由于两种文化的交流与互动，很多词语在两种语言中能找到完全对等的说法。例如：

马有失蹄。

It is a good horse that never stumbles, and a good wife that never grumbles.

苛政猛于虎。

Tyranny is fiercer than a tiger.

### 2.若没有相应的喻体，则不必译出

做牛做马 slave for sb. without complaints

拍马屁 lick somebody's boots

声色犬马 drown oneself in sex and pleasures

虎口余生 have a narrow escape

不入虎穴焉得虎子 nothing venture, nothing gain

费了九牛二虎之力 make tremendous effort

乌鸦嘴 indicating bad luck

上海是中国经济建设的龙头。

Shanghai plays a leading role in China's economic construction.

心急马不快。

A watched pot never boils.

初生牛犊不怕虎。

Nothing is so bold as a blind man.
塞翁失马，焉知非福。
Misfortune may be a blessing in disguise.
盲人骑瞎马，夜半临深池。
If the blind lead the blind, both shall fall into the ditch.
路遥知马力，日久见人心。
A friend in need is a friend indeed.
鲜花插在牛粪上。
Handsome women generally fall to the lot of ugly men.
宁为鸡首，不为牛后。
Better to reign in hell than serve in heaven.
瘦死的骆驼比马大。
The bones of a great estate is worth the picking.
你真是狮子大张口。
You are charging too high.
这故事有点虎头蛇尾。
The story has a dramatic start but weak finish.

## 二、英汉植物翻译与跨文化传播

### （一）英汉植物词汇差异

1.英语植物词汇分析

植物包含花草树木，在核心基本词汇中我们很熟悉 flower, plant, tree, 下面的词根可以帮助我们了解更多有关词汇。

# 第三章 英汉特殊词汇翻译与跨文化传播

| 词根 | 来源 | 扩展 |
|---|---|---|
| botani 植物 | 希腊词根 | botanical garden *n.* 植物园；botany *n.* 植物学；botanist *n.* 植物学家；botanize *v.* 调查研究植物生长情况 |
| phyt 植物，生长 | 希腊词根 | phytocide *n.* 除草剂；phytoid *adj.* 植物状的；phytol *n.* 叶绿醇；phytolith *n.* 植物化石（lith 石头）；phytology *n.* 植物学；phytonutrient *n.* 植物营养素；phytopathology *n.* 植物病理学（patho 病）；epiphyte *n.* 附生植物（epi 在……之上）；hydrophyte *n.* 水生植物；neophyte *n.* 新生植物 |
| flor, fleur 花 | 拉丁词根 | Flora *n.* (罗马神话)花神；flora *n.* 某个地方所有的植物；floral *adj.* 如花的）；floriculture *n.* 花卉栽培；floriate *v.* 用花卉图案装饰；fleuret *n.* 小花，小花饰品；fleury *adj.* 饰有鸢尾或者百合花型的 |
| anth，antho 花 | 希腊词根 | anthemion *n.* 花束状装饰（用于绘画浮雕等）；anthesis *n.* 开花期；anthocyanidin *n.* 花色素（生物化学术语）；anthophagous *adj.* （指昆虫）食花的（phago 希腊词根，吃）；anthophilous *adj.* (动物)喜花的（phil 喜爱）；chrysanthemum *n.* 菊花（chrys 希腊词根，黄金）；synanthous *adj.* 花和叶同时出现的；polyanthus *n.* 多花水仙 |
| herb 草（grass）或者绿色植物 | 拉丁词根 | herbal *adj.* 草本植物的，草药的；herbage *n.* 牧草；herbalism *n.* 草药学，草本植物学；herbal medicine 草药；herbicide *n.* 灭草剂（其中 cid 的含义是切割，杀）；herbiflerous *n.* 长草的；herbivore *n.* 食草动物（-vore 拉丁语后缀，表示"食"）；herbless *adj.* 无草的；herbology *n.* 药草学 |
| arbor 树 | 拉丁词根 | Arbor Day（美、加、澳、新等国的）植树节；arboraceous *adj.* 树状的，似树的；arboreal *adj.* 生活在树上的，栖于树木的，树木的；arboreous *adj.* 树木繁盛的；arboretum *n.* 树木园，植物园；aboriculture *n.* 树木栽培；arborist *n.* 树木栽培家；arborize *v.* 使成树状 |

2.汉语植物词汇分析

植物世界是一个庞大、复杂的生态系统，占据了生物圈的大部分，给人类提供了生存所必需的氧气以及食物和能量，从一望无际的草原到广阔的江河湖海，从赤日炎炎的沙漠到冰雪覆盖的极地，处处都有植物的生根之地。植物的种类繁多，不同的植物由于其独特的生存环境和外表形象的不同，往往给人以不同的联想。

汉民族在漫长的历史进程中，积累了大量有关植物的文化词汇。比如，植物一般都有根、茎、叶，叶子总是落在根部，因此人们有了"落叶归根"的感慨，特别是飘零在外的游子，到了老年尤其渴望回归故土，正是这种自然天性的流露和映照。

再如，松柏常青，历经严寒而不凋零，汉民族即用之表达对英雄烈士的仰慕、怀念，表明如同松柏常青一样，英雄永远不老，永远活在人们心中。另外，在生长习性上，松柏能耐严寒，目睹凌风傲雪、挺直长青的松柏，人们又自然地发出"岁寒，然后知松柏而后凋也"的慨叹，推及己身，让我们感叹那些历经苦难而不离不弃的朋友才是真正的朋友。

不仅如此，很多种植物还开花，人们从花的颜色、开花季节、花期长短等方面又自然地引申出众多的文化意蕴，如牡丹象征"富贵"，菊花象征"高洁"，荷花象征"出淤泥而不染"高尚情操。鲜花娇艳而花期短暂又让人产生"好花不常开、好景不长在"的感慨。

## （二）英汉植物文化的翻译与传播

1.直译法

当某种植物词汇在英汉两种语言中的文化内涵相同或相似时，即可采取保留形象直译的翻译方法，这样不仅能够保留源语的文化特征，而且能丰富译文的语言。例如：

Great oaks from little acorns grow.

合抱之木，生于毫末。

Lose the forest for the trees.

见树不见林。（捡了芝麻，丢了西瓜。）

Forbidden fruit is sweet.

禁果分外甜。

A sesame stalk puts forth blossoms notch by notch, higher and higher.

芝麻开花节节高。

As you sow, you will reap.

种瓜得瓜,种豆得豆。

2.直译加注释

对不了解西方文化的读者而言,直译也经常使他们困惑。此时,可以在保留原文植物形象的基础上,再阐释其文化意义。例如:

as like as two peas in pot 锅里的两粒豆(一模一样)

apple of Sodom/Dead Sea apple 喻指华而不实的东西

wise apple 喻指傲慢的年轻人

an apple of discord 意指"红颜祸水"

a smooth apple 讨人喜欢的人

Golden Apple 争端、祸根

A rolling stone gathers no moss 滚石不生苔(改行不聚财)

3.舍弃形象意译

汉语中一个跟竹子有关的成语"胸有成竹",如果译成 have a bamboo in one's stomach,西方人认为不是事故,就是笑话,所以只能译出其比喻意义 have a well-thought -out plan before doing sth.,也可以用英语成语来套用 have a card up one's sleeve.[①]

还有一些表达,如 spill the beans(撒豆子),as cool as cucumber(像黄瓜一样冷),to be full of beans(充满了豆子),be a peach(是一个桃子)等往往不能以其字面意义来理解,而应分别理解为"泄漏消息(秘密)""十分冷静""精力充沛""受人喜欢的人"。

---

① 冯庆华.翻译365[M].北京:人民教育出版社,2006.

4.转换形象套译

英汉字面意义相同的植物词汇，其联想含义可能不一致，而字面意义不同的植物词汇，其联想含义可能一致。译者在翻译植物词汇时，可以根据文化差异调整植物词汇在译语中的表达方式。例如：

come out smelling of roses 出淤泥而不染
Oaks may fall when reeds stand the storm 疾风知劲草
New buildings spring up like mushrooms 新建筑如雨后春笋一般涌现出来

# 第二节　英汉天气与节气翻译与跨文化传播

## 一、天气与节气的内涵与翻译

### （一）气象和天气

气象和天气是相互关联的，但又是两个不同的概念。如果想当然地认为气象的译法与天气差不多，那就错了。这里我们不关注"天气"的翻译，只看"气象"的相关英语表达。与"气象"相对应的英文单词是meteorology，是一个专业术语，与它相关的表达如下。

气象观测 meteorological observation
气象预报 meteorological report
气象卫星 meteorological satellite
气象学家 meteorologist
气象仪器 meteorological apparatuses
气象记录器 meteor graph

下面是一些与测量气象有关的仪器和用具的语汇译例。

wind speed counter 风速计

artificial rain device 人工降雨装置

mercury barometer 水银气压计

collecting vessel 积雨容器

cloud chart 云图

box kite 观测天气用的箱形风筝

当然,"气象"也可用于比喻意义,如"气象万千"等,但是这是另外一个概念了,此处不做详解。

## (二) climate

与 weather 和 climate 相对应的中文选词分别为"天气"和"气候",二者表达的意思既相类似,又存在区别。相比较而言,前者为具体的一些小概念,后者为宽泛一些的大概念。例如:

我国北方气候干燥寒冷。

The climate in the northern part of our country is dry and cold.

只要天气好,明天我们就按计划动身旅行。

Weather permitting, we will set out on our journey as scheduled tomorrow.

那片区域属于热带气候。

That part of the region is subject to tropical climate.

这里的天气变化无常。

The weather here is changeable.

只有首先区分它们的异同才能保证译法的正确。相关语汇的译例还有:

continental climate 大陆性气候

marine climate 海洋性气候

frigid climate 严寒的气候

mild climate 温和的气候

bad weather 恶劣的天气

clear weather 晴朗的天气

damp weather 潮湿的天气

raw weather 阴冷的天气

可见，weather和climate使用的场合并不一样，虽然"气象图"的译法也用weather，即weather chart，但是更多的时候二者是不能相互替代的。

## （三）weather

weather多指比较具体的天气现象，如"阴晴雨雪"等，但同时它也可以表示"气象"方面的意思。例如：

weather balloon 气象学上的探空气球

weather center 气象中心

weather eye 气象观测器

weather fight 气象侦察飞行任务

weather minimum 最低气象条件

weather radar 气象雷达

再有，美国国家气象局就叫National Weather Service。因此，相对于climate来说，weather 的用法灵活多变，应用范围也相当广泛。[①]在进行英汉互译时，需要注意上下文语境，对原文意思做出准确的传达。例如：

broken weather 阴晴不定的天气

seasonable weather 合时令的天气

weather caster 天气预报广播员

weather modification 人工影响天气

weather prophet 天气预测器

weather vision 天气图像传递

The planes were weathered out at Shanghai airport.

因天气恶劣飞机无法进入上海机场。

We all saw a ship weather on us that day.

那天我们都看到一条船在上风行驶。

---

[①] 冯庆华.翻译365[M].北京：人民教育出版社，2006.

## （四）关于季节

汉语中的"季节"和英语中的 season 都可以指除了四季以外的某一特定时间段，当然春夏秋冬是它们最基本的义项。例如：

南京这时正是百花盛开的好季节。

Nanjing now is in its golden season, with hundreds of flowers in bloom.

南京不是太冷，就是太热，春秋两季非常之短。

Nanjing is either too cold or too hot, and people there can hardly feel the stay of spring and autumn.

不过，当它们用来指某一时令或时间段时，其使用的语境范围要比"四季"广得多。另外，中文还有一些特有的时令说法。例如：

三九 the third nine-day period after the winter solstice-the depth of winter

三伏 the third ten-day period of the hot season-dog day

除此而外，"季节"和 season 还可用于比喻意义。例如：

经过这么多年的辛勤努力，他终于迎来了收获的季节：他的研究成果得到了专家们的一致肯定。

The harvest season finally came after so many years of hard work: his research achievements had won the unanimous recognition of the experts.

## （五）阴晴雨雪

谈天气经常是人们闲聊的一个话题，也经常充当人们调节气氛的一个手段。了解并学会一些描述天气阴晴变化的表达方式的译法，应该是具有其实际意义的，可能是简单一点的，如"今天天气真不错。"(It's really a nice day today.)，也可能是稍难一点的，如"这些日子天气又阴又晦，人们的心情也随之阴暗起来。"(It's been gloomy and miserable these days, and people started to feel melancholy as well.)

事实上，掌握这些或难或易的天气用语，对我们日常的交流和必要的表述都有好处。

以下是一些常用的天气状况的表达及其翻译。

毛毛细雨 drizzling rain            rainbow 彩虹
东南风 southeaster                morning dew 晨露
晴空万里 clear and boundless sky   frost flowers 霜花
天气晴朗 bright sunny day         timely rain 及时雨
一阵狂风 a violent gust of wind    snow cover 地面上的一层雪
一阵闷雷 a burst of muffled thunder  cold wave 寒流
暴风骤雨 feeding storm            stuffiness 闷热
暴风雪 blizzard                  icicle（垂于屋檐的）冰柱
冰雹 heavy snow                  thin mist 薄雾

一碰上阴雨天，这路就没法走了。
Whenever it rains, the road simply becomes a muddy ditch.
突然而来的大风暴使我们不得不推迟计划的实施。
We had to postpone the execution of the plan because of the sudden tempest.

## （六）warm 和 hot，cool 和 cold

在汉语中，我们经常会听到这样的表达："真热啊！""冻死我了！"虽然中文就两个字："冷"和"热"，可是英语中表达这两个概念的词语却有好几个，如不对它们进行正确的区分，在使用中就有可能出现错误。比如，当天气太热，令人感觉不舒服时，可以说"It's too hot!"然而如果表达天气暖和，感觉暖洋洋的，则可以说："What a warm day today!"

另外两个词cool和cold也是类似的情况：一个是"令人舒适的凉爽"，一个是"感觉不舒服的寒冷"。因此，在翻译时，一定要注意"冷暖适度"，恰如其分。例如：

这里真冷！
He was shivering from cold.
南方人不怕热。
People from the south are accustomed to hot weather.
天气热得叫人喘不过气来。

It's stifling hot. (I am suffocating in here.)

太阳晒得他浑身暖洋洋的。

He was enjoying the genial warmth of the sun.

外面虽然冰天雪地，可屋内却一片暖意。

It was a world of ice and snow outside, but here inside it's cozy and warm.

一阵秋雨过后，天气凉快多了。

It became pleasantly cool after a spell of autumn rain.

## （七）"二十四节气"

二十四节气的名称的英译如下。

| | |
|---|---|
| 立春 Spring Begins | 立秋 Autumn Begins |
| 雨水 Rain Water | 处暑 Heat Ends |
| 惊蛰 Insects Awaken | 白露 White Dew |
| 春分 Vernal Equinox | 秋分 Autumn Equinox |
| 清明 Clear and Bright | 寒露 Cold Dew |
| 谷雨 Grain Rains | 霜降 Frost Descends |
| 立夏 Summer Begins | 立冬 Winter Begins |
| 小满 Grain Fills | 小雪 Little Snow |
| 芒种 Grain in Ear | 大雪 Heavy Snow |
| 夏至 Summer Solstice | 冬至 Winter Solstice |
| 小暑 Slight Heat | 小寒 Little Cold |
| 大暑 Great Heat | 大寒 Severe Cold |

## 二、英汉天气与节气的翻译与传播

### （一）意译

戴权会意，因笑道："想是为丧礼上风光些。"贾珍忙笑道："老内相所见不差。"

（曹雪芹《红楼梦》第十三回）

Dai Quan rejoined with a knowing smile, "To make the funeral more sumptuous, I presume?"

"Your assumption is correct, sir."

（杨宪益、戴乃迭　译）

心比天高，身为下贱。风流灵巧招人怨。

（曹雪芹《红楼梦》第五回）

Her heart is loftier than the sky,

But her person is of low degree.

Her charm and wit give rise to jealousy.

（杨宪益、戴乃迭　译）

### （二）直译

好雨知时节，当春乃发生。
随风潜入夜，润物细无声。

（杜甫《春夜喜雨》）

Propitious rain is timely rain;

It occurs mostly in spring.

Borne on the wind, it sneaks in by night.

And gives vital moisture to all things.

（许渊冲　译）

昔人已乘黄鹤去，此地空余黄鹤楼。

# 第三章 英汉特殊词汇翻译与跨文化传播

黄鹤一去不复返，白云千载空悠悠。

（崔颢《黄鹤楼》）

The sage on yellow crane was gone a mind clouds white.
To what avail is Yellow Crane Tower left here?
Once, gone, the yellow crane will ne'er on earth alight;
Only white clouds still float in vain from year to year.

（许渊冲 译）

## （三）直译加意译

众人笑推他，说道："快醒醒儿吃饭去，这潮凳上还睡出病来呢。"湘云慢启秋波，见了众人，低头看了一看自己，方知是醉了。

（曹雪芹《红楼梦》第六十二回）

"Hurry up and wake up! We're going to eat. You'll make yourself ill if you sleep on this damp bench." Xiangyun slowly opened her eyes then and saw them all, then looked down at herself and realized she was tipsy.

（杨宪益、戴乃迭 译）

# 第三节 英汉颜色与数字翻译与跨文化传播

## 一、英汉颜色翻译与跨文化传播

### （一）英汉颜色词汇差异

颜色词是语言中的重要组成部分。颜色词是用来表明人、事物色彩的词汇，它既可表示事物的不同色彩，又能描述人的各种情感色彩。由于不同国家的文化和心理认知差异，来自不同语言文化圈的人对相同的颜色有不同的感知，因此在同种颜色词的使用上也有所不同。对于同样的颜色，不同的民族有不同的看法、态度和喜好。英语中较常用的颜色词有 red（红），white（白），black（黑），green（绿），yellow（黄），blue（蓝），purple（紫），gray（灰）及 brown（棕）。这些颜色词在中西文化中既有相似之处又有不同之处，其情感色彩的联想意义更值得归纳总结。

Red（红色）在中西方文化中都被认为与庆祝活动或喜庆日子有关。在中国，红色是代表喜庆、吉祥的传统颜色，逢年过节则到处是红色的海洋，如红灯笼、红春联等，结婚典礼上新郎新娘穿红色礼服。英语中也有类似的寓意，如red-letter days指日历上用红色标明的节日，诸如圣诞节、复活节等。但除此之外，red在西方文化里，也经常代表贬义，如残酷、狂怒、灾难、血、赤字等，如red-headed意为"狂怒的"，red hands意为"血腥的手"。在商务英语里，红色的这种本义投射发展为债务、赤字和损失的意思。在经济报道中，醒目的红色让人有触目惊心的感觉，所以损失都是用红色表示，如 red figure，in the red，red balance，get into red，get out of red 等，都表示赤字和损失。

Black（黑色）在英汉两种语言中常常与不好的、邪恶的及神秘的事物相联系。比如，black-hearted（黑心的），blacklist（黑名单），black market（黑市）等。此外，在东西方国家，黑色都象征着悲哀和死亡。在中国传统文化里，丧葬仪式中用黑色和白色表达悲伤和哀悼之意。在西方经济活动中，黑色是一个与红色相反的词语，代表着盈利，寓意稳定发展，象征着安全。black figure指的是利润，be in the black指的是在银行的账户里存钱，black figure nation指的是那些在国际贸易中出口超过进口的国家。

White（白色）对多数中国人和西方人来说，所引起的联想意义有一些是相近的，如 purity（洁白）和 innocence（清白无辜）。但是在汉语里，"白"字的派生词往往含有徒然、轻视、无价值等贬义。普通平民百姓被称为"白衣"，人们办丧事被称为"白事"，与"白"字组合的词语也被赋予贬义，如白痴、白干、白搭、白费、白送、白眼、吃白食、一穷二白等。而在西方文化中，white象征着美好、快乐的祝福，White（白色）就如同天上飘下的雪

## 第三章　英汉特殊词汇翻译与跨文化传播

花一样干净纯洁，如同晨光中盛开的百合花一样美丽清纯，因此新娘的礼服在西方传统里都是白色，白色也成了西方文化里纯洁美好的代言，如《格林童话》中深受人们喜爱的白雪公主（Snow White）就是美丽、善良、聪慧的化身。在商务英语中，white sale是大减价，指的是对顾客有好处的大甩卖销售，white money指的是银币，the white way指城市灯火灿烂的商业区，也可以翻译成银光大街。

Purple（紫色）在西方文化中是一种高贵而神圣的颜色，是一种非常高级的服装色彩，给人高贵优雅的感觉，非常受女性的欢迎，在隆重和庄严的场合，女人们总会穿一些紫色的衣服。在西方，紫色也意味着荣誉，是最高贵的颜色，因为紫色染料仅用于古代罗马帝国贵族。在拜占庭时代，皇室成员以"紫色"展示他们正统的渊源，用以区别于其他手段获得君主的宝座。所以，在英语里出现了诸如以下一些短语：Purple Emperor（帝王），be born in the purple（生在帝王之家）。在中国，紫色与当官有关，因为很多官服是紫色的，"紫气东来"比喻吉祥的征兆。

Yellow（黄色）在英文里的隐喻义是"胆怯的、卑鄙的"，如yellow dog（卑鄙的人），You are yellow（你是胆小鬼）。另外，在西方文化里，人们总是信仰基督教，而基督教耶稣由于门徒犹大的背叛惨遭不幸，所以人们对犹大深恶痛绝，犹大身穿黄色衣服，于是黄色又衍生出"背叛"之意。黄色是中国历代帝王的专用色彩，是"帝王之色"，是皇位、权力的象征，也是古老中国的象征，至今中国人仍把自己称为"炎黄子孙"。现代汉语中"黄色"也表示"污秽不健康的色情内容"，如"黄色电影"，但是英文中表示相同意义的颜色词却是blue，a blue joke指黄色笑话。

Green（绿色）在西方文化里有着蓬勃生命力、充满活力的意思。因此，在商务英语中有green field project（需要资金资助的新兴项目）。美元纸币是绿色的，所以绿色在美国联系着"钱财、钞票、有经济实力"，如green power（财团），也指有雄厚的经济实力；greenback（钞票）；green stamp（美国救济补助票）。随着全球环境恶化，绿色也逐渐成了"环保"的代名词，在经济活动中,green business是环保产业,green products指环保产品。在中国，绿色也代表"环保"。

Grey（同Gray，灰色）在英语里表示透明度差，可见度低，看不清

· 57 ·

楚，给人一种沉重、压抑的感觉。通过隐喻认知模式，灰色被投射到情绪低落等抽象的情绪概念上，如a gray day 意为阴天，grey and joyless 意思为人生灰暗。灰色在中国文化里象征谦虚、平凡、沉默、中庸、寂寞、忧郁和消极。

Pink（粉色）是典型的暖色，中西方人们都用这种明亮温暖的颜色形容年轻的、活泼的少女，英语中粉色常用作积极的形象，可引申为"健康的、品格高的、使人愉悦的"等意思。例如，in the pink of health指身体状况良好，健康；pink of perfection形容人的性格完美，无可挑剔；the pink of politeness指有礼貌；而tickle somebody pink表示使某人感到身心愉悦。值得注意的是，粉色因与桃花有着相似的颜色，自然映射出别的语义，英语中pink films指桃色电影。

## （二）英汉颜色文化的翻译与传播

### 1.直译

直译指颜色词所表示的指称意义，因为这种意义在英汉两种语言中是相同的，所以可以直接按字面基本意义译出。例如：

（1）基本概念意义

红酒 red wine

黄酒 yellow wine

红场 the Red Square（in Moscow）

红字标题 rubric

白厅 White Hall（in London）

黑领结 black tie

青山绿水 green hills and blue waters/ blue hills and green streams

碧海蓝天 a blue ocean under an azure sky

绿灯 green light

绿茶 green tea

（2）物体蕴含意义

金黄色 gold（yellow）

## 第三章 英汉特殊词汇翻译与跨文化传播

银白色 silver（white）
橘橙色 orange（golden yellow）
靛蓝色 indigo（blue）
牛皮色（米色）buff
象牙色 ivory
沥青色 piteous
赭石色（暗黄色）ochre
雪白 snowy

除了上述的一些单个基本颜色词之外，还有一些由两个词构成的复合颜色词，一般都是由一个基色词前面加上一个表"深"或"浅""亮"或"暗"的形容词构成。汉语和英语的构词方法基本相同。汉语颜色词加深，英语就用 dark/deep + color words，如深红色（deep red）；变浅就用 light/pale + color words，如浅绿色（light green）；变亮就用 vivid/bright + color words，如灿蓝色（bright blue）；变暗就用 dull/pale/darkling + color words，如惨黄色（dull yellow）。当然，根据词义需要，还有其他一些形容词、副词也可以加上去，如 fresh，lush，luxuriantly 等。

还有一点要注意的是，汉语中有些颜色词，一词可以表示几种颜色，同时也有一种颜色可以用几个不同的词表示。例如，"青"可以译成几种颜色："绿"（青山即 green hill）、"蓝"（青天即 blue sky）、"黑"（青布即 black cloth）；反过来，几种颜色词可以译成一种颜色（实际上是一种颜色的不同表达）：碧（海）、蓝（天）、青（天）均可用 blue 来译。

2.转译

转译是指有些颜色词在汉语里的所指和在英语里的所指不同，将一种颜色转换成另一种颜色译出，不是因为词本身的含义，而是由于表达习惯所致。例如：

红糖 blown sugar
红茶 black tea
红字标题 rubric
怡红公子 green boy

青丝 black hair

白发 grey hair

白开水 plain boiled water

青瓦 grey tile

黑色金属 ferrous metal

黑面包 brown bread

青天白日 blue sky and bright sun

封面和封底是重磅的米色道林纸，边上打了两个洞。

The covers were of heavyweight, buff–colored calenderer paper with two holes punched in the edges.

原句中的"米色"在译文中转译成了 buff–colored（牛皮色），这是因为英美人更熟悉后者，获得的信息更为准确。

贾宝玉品茶栊翠庵，刘姥姥醉卧怡红院。

Jia Baoyu tastes some superior tea at Green Bower Hermitage; And Grannie Liu samples the sleeping accommodation at Green De–light.

（霍克斯 译）

显然译者将"翠"直译成 green，将"红"转换成 green，更好地体现原文的意义，也帮助英语读者正确理解原文。

3.意译

意译是指有些颜色词在汉语和英语里的引申意义不一样，翻译时完全脱离指称概念，而直接将其比喻意义译出。特别要指出的是几种主要基色如"红"与red的引申意义几乎相反，"黄"与yellow的引申意义也大相径庭，"黑、白"与back, white的引申意义也不尽相间。所以，在翻译时，要特别注意。例如：

红运 good luck

红利 dividend

红榜 honor roll

红/白（喜）事 wedding/funeral

红尘 the world of mortals

# 第三章　英汉特殊词汇翻译与跨文化传播

红光满面 grow with health

红人 favorite with sb. in power

红眼病 with jealous eyes, green eyed

红得发紫 enjoying great popularity

红角儿 popular actor or actress

红颜 a beauty

红粉佳人 a gaily dressed beauty.

黄色电影 blue film

黄色书籍 pornographic book

黄色音乐 decadent music

绿帽子 cuckold

青史 annals of history

蓝本 original version

碧玉小家 buxom lass

白丁 illiterate person

白手 empty hand

白搭 no use

白费力气 all in vain

白发红颜 an old man married a young lady

黑社会 criminal syndicate

黑帮 sinister gang

黑心 evil mind

黑手 evil backstage manipulator

黑幕 inside story

黑钱 a sinister line

在全国范围内，一场扫黄扫黑运动正有效地进行。

A nationwide campaign to crack down pornographic produces or publications and criminal syndicates is carrying out effectively.

现在科技人才青黄不接。

There are not enough trained younger men and women ready to take over from older experts.

他不分青红皂白就把所有在场的人狠批了一通。

He had given a sharp criticism of all the people present before knowing who's right or who's wrong.

以上三句译文都没按字面译出一个颜色词，而是将汉语中这些颜色词的引申意义译了出来，显得贴切自然。

## 二、英汉数字翻译与跨文化传播

### （一）英汉数字词汇差异

英语中有基数词，如 one, two, three, four 等。也有序数词，如 first, second, third, fourth 等。它们可以构成一些合成词，如one-eyed man, two-sided, three-legged, first class, second class, the third world 等，但是在众多派生词中使用的数字多数是来自于拉丁语和希腊语。

1.语言中的数字

汉语中有"千里挑一"，英语中也有one in a thousand的说法。也有一些意合而数异的说法，如汉语中有"一个巴掌拍不响"，英语中却说："It takes two to make a quarrel."其实意思是一样的。汉语中将"小偷、扒手"有时称作"三只手"，在美国俚语中有时也将贼称作five-finger，这两种叫法中，数字词的不同是由于其"组码"的出发点不同。"三只手"为"多"之意，five finger则有特指之意，但所指的都是同一事物——"小偷"。汉语中有"乱七八糟"的说法，而英语中却说at sixes and sevens。

在姓名称谓中，英汉语数字运用也有相同之处。例如，古汉语中有"二人为友，三人成众"的说法，而英语有对应说法"Two is company, but three is none."及"Two's company and three's crowd."英语习语本身也有意义碰撞产生："Three may accord，but two never can."但英文中有一种表达在汉语中

## 第三章　英汉特殊词汇翻译与跨文化传播

却无法找到对应表达，即"Seven may be company, but nine are confusion."

此外，有一些英文数字表达的意思也是汉语数字所没有的，如 four leaf（幸运草），Five-o（警官），four o'clock（紫茉莉），forty winks，（一会儿，片刻），fifth wheel（累赘），like sixty（飞快地，很猛地），thousand year egg（松花蛋），eleventh hour（最后时刻），take ten（小憩，休息一会儿）等，不胜枚举。

汉语中的数字词语在其语言中的应用面较英语要广得多，这是由汉字本身作为象形表意"音素"文字的特点所决定的。当然，由于语言是文化的一部分，受着文化的影响与制约，因此归根到底是由汉民族自身的文化特点所决定的。总体来讲，由于汉民族讲求"天人合一"，讲求与自然的和谐统一，因此人们更倾向于将自己置于自然之中，去体悟自然、观察自然，故而文字中的联想和感情色彩就更为丰富一些。

### 2.模式数字与数字词语

"三"这个数字，是除"七"之外，几乎东西方文化都最偏爱的。"三"有时象征着幸运，所以有这样的言语"第三次真是妙不可言"。"三"有时也代表厄运，如"当了三次伴娘，却从未做过新娘""第三次沉下去了"（即淹死了）。在黑格尔的唯心主义辩证法中，提出了"正、反、合"的观点，在马克思的唯物主义辩证法中提出了"质、量、度"的哲学范畴，这其中均带有"三分法"的特点。在中国，"三"的位置则更为突出。与"三"联系在一起的语言与文化随处可见，难以尽数。

在《道德经》一书中，有一句人们十分熟悉的话："道生一，一生二，二生三，三生万物。"此句中"三"为"道、一、二"逐步演化而生，并由"三"而生万物，"三"经常被人们引申为"多，杂，万物"之意。《史记·律书》中也说："数始于一，终于十，成于三。"还有人认为人们刚开始识数时，一、二易记，而到了"三"以上就分辨不清，统称为"多"了，故而"三"就常被人们用来代指"多"或表示极限。

此外，"十二"也是两种文化中较为注重的文字。

"十二"在英文中受到重视，在英文数字中，前"十二"个数字都有独立的词表示，而从"十三"开始的大部分数字就属于派生词了，且英语中习惯将dozen用作计数单位，这种用法后来还被引进中国。汉语中"十二分"一词表示程度的饱满、极限,也是从英语中引入的。但在中国文化中,"十二"另有其独特意义,在文学语言中"十二"出现的频率也不少,如《红楼梦》中的"金陵十二钗",《木兰辞》中的"同行十二年,不知木兰是女郎""巫山十二峰""十二生肖""一年十二月""一天十二个时辰""人体有十二经"等。人们在对自然和人体的研究中,发现"十二"既与天时相合,又与人体相应,的确是一个十分玄妙神奇的数字。

3.用数字来代表特定事物、概念的用法

在汉语中,我们可以发现以数代人或代物的说法,如通常人们所说的"略知一二""说不出个一二三来"等话语中,便以"一二""一二三"代事物的情况或因由头绪等。描述人的词也有,如人们在骂人时说"那人是二百五""十三点",表示此人鲁莽,没有头脑等意。但这些词的来源不详,有人解释"二百五"为古代一吊钱一半之一半,形容其无用,"十三点"则由"痴"字的笔画数而来。而在称谓中,兄弟之间会有"老二、老三……"等称呼以示排行,也明确了所指。

汉语中有"乱七八糟"的说法,而英语中却说at sixes and sevens。

上述这类数字词语多常见于口语、俚语之中,具有一定代表意义。这里还有一点值得一提,汉语数字词因是笔画文字,所以在笔画形象表达功能上是英文这一拼音文字的数字词所无法比拟的。汉语在字形与指写事物之间可以找出共同点,如汉语中有"一字眉,三字纹,八字胡,十字架"等词语,巧妙地将所写事物的线条与数字词本身的笔画图形连接了起来。

## (二)英汉数字文化的翻译与传播

英汉数字文化的翻译可以采取以下几种方法。

1.直译

数字的翻译大多采用直译法,如表示年龄、价格、温度、日期、高度、速度等的数字词。例如:

To begin with, 30-meter high steel scaffolding is to be placed around the tower.

## 第三章　英汉特殊词汇翻译与跨文化传播

首先，在塔的周围搭起三十米高的钢制脚手架。

The temperature rose nine degrees.

气温上升了九度。

The building is over fifty stories high.

这座大楼有五十多层高。

Reach the sky in one step.

一步登天。

One day apart seems three autumns passed.

一日不见如隔三秋。

2.意译

有时，如果对数字进行照搬直译，会使译文显得晦涩难懂，读者也会不明所以，此时就要进行意译。例如：

半斤八两 six of one and half a dozen of the other

五大三粗 big and tall

Across the street on the side of a house was painted a giant woman with a five-foot smile and long blond hair, holding out a giant bottle.

街对面的墙上有一幅大型广告画———一位肩披金色长发的女郎，笑容满面，手里举着一个大瓶子。①

It's none off my business.

管他三七二十一。

The children were in the seventh heaven with their new toys.

孩子们有了新玩具都高兴极了。②

---

① 罗云珍，池玫.英汉数字文化内涵比较与翻译[J].福建商业高等专科学校学报，2008，（4）.

② 吴瑞琴.英汉数字的文化差异与翻译[J].山西农业大学学报，2007，（6）.

# 第四章　英汉语言交际翻译与跨文化传播

语言是一种交际工具，在人们的交往过程中离不开语言的应用。英汉语言由于具有不同的文化发展背景，因而形成了不同的语言交际体系。在交际过程中，英汉人名、地名、称谓语、禁忌语由于自身具有不同的文化内涵，因而在一定程度上影响着人们交际的效果。不管是中国还是西方国家，人名、地名、称谓语、禁忌语的历史都十分悠久。在翻译实践过程中，应注意不能想当然地对这些名词进行翻译，而是需要依据一定的规则和方法展开。为此，本章就针对英汉语言交际翻译与跨文化传播的上述几个方面展开研究。

# 第一节　英汉人名翻译与跨文化传播

## 一、英汉人名文化差异

人名即人的姓名。姓名是人类所特有的一种人文符号。然而由于语言不同，其符号表现形式及涵义也不尽相同。名和字在意义上是相关照应、互为表里的。一般文人特别是作家都喜用笔名，如鲁迅、茅盾、老舍、冰心都是笔名。取用笔名有多种原因，或不愿公开自己的身份，或是象征某种意义，或体现一种风雅等。艺名一般多用于演艺界和艺术界。

中国人名种类繁多，取名的来源及寓意更是复杂。不像英文名一般取于《圣经》和古典，中国人名大多以出生时、地、事以及父母对子女的希望来取名，即名往往含有记时、纪事、祭地、寄望等极为丰富的寓意。

古代如北宋著名政治家司马光，其父兄和他本人都是以地取名的。有些名字取自出生时间，如"孟春""秋菊"等；有的取自出生时的事件，如"解放""四清""援朝"等；有些取自长辈对小孩的祈愿和希冀，如"荣华"即"荣华富贵"，"成丰"即"成就功业，丰泽社会"，"成龙"即"望子成龙"等。

但不管名字来历如何复杂，含义如何丰富，名总归还是名，名即"明"，就是分明和区别人与人之间的符号。其寓意止于本人，并无区别他人之意。所以，翻译人名主要是翻译其表层形式的符号，无需去刻意表达所蕴含的深层意义。音译便成为人名翻译的主要方法。根据国家有关规定，汉语拼音是外文翻译中人名、地名的唯一标准形式。

这些规定适用于罗马字母书写的各种语言，如英语、法语、德语、西班牙语、世界语等。在对外的文件书刊中调号可以省略。

第四章　英汉语言交际翻译与跨文化传播

## 二、英汉人名文化的翻译与传播

### （一）姓名翻译的书写形式

中文姓名翻译的关键首先是用什么拼音文字来拼写，其次是姓与名应以怎样的顺序来排列。

中国人名、地名专有名词的英译历来比较复杂。首先是有两套专门的拼音系统存在，一套是威妥玛—贾尔斯系统（The Wade-Giles System），通常也叫"威氏拼音系统"。这套系统由英国人威妥玛（Thomas Francis Wade，1818—1895年）于1859年制定。他是一个汉学家，且在中国生活多年，并担任过英国驻华全权公使。1867年，他又根据这套系统编写了一套专为欧洲人学习汉语的京音官话课本《语言自迩集》，书中用罗马字母拼写汉语的方式，称为"威妥玛式"，原作为某些外国驻华使馆人员学习汉字的注音工具，后来扩大用途，成为在英文中音译中国人名、地名和事物名称的一种主要拼法。后来，有一位名叫贾尔斯（Herbert A. Giles，1844—1935年）的英国人，也是一位汉学家、翻译家，于1892年对威氏拼法略加修改，编写了一部汉英词典，使"威妥玛式"成为更完整和权威的汉字注音系统和方法，故称为"威妥玛—贾尔斯系统"。这套方法在西方和中国被普遍接受，一直沿用至今。但威妥玛系统并不科学，因为它的拼音组合不标准，常用于方言的发音注音，如北京（Peking）、广州（Canton），而且该系统将拼音中的所有浊辅音用相对应的清辅音代替，这就出现了清浊不分，引起识别上的混乱，如Chang Tsekuo，到底是昌策阔，还是张泽国，还是常泽国，不得而知。还有，"威妥玛式"用许多附加符号区分发音，由于附加符号经常脱落，造成大量音节混乱。①

另外一套方案就汉语拼音方案。它是中华人民共和国国务院于1975年5

---

① 国家语委标准化工作委员会办公室.国家语言文字规范和标准选编[M].北京：中国标准出版社，1997.

月出台的关于中国人名、地名等专有名词外译的规定。规定指出从当年9月起中国所有人名、地名等专名一律采用汉语拼音外译。1977年8月7日至9月7日联合国在雅典召开的第三届关于规范世界地名的会议上，中国提交用汉语拼音翻译中国地名等专名作为国际规范地名的提案获得大会一致通过。于是，1978年12月，国务院又进一步作出决定，从1979年12月起，中国人名、地名等专名在外文中一律使用汉语拼音字母译出，包括在英语、法语、德语、西班牙语和世界语等外国语言。

根据上述文件，中国姓名的翻译应该统一用汉语拼音来拼写，姓名的排列顺序应该名从主人，即按中国人姓名排列顺序姓前名后顺译，不要按英文的姓名译成名在前姓在后。

但长期以来，按英文姓名顺序翻译的情况时有发生，特别在国际赛事场合，中国运动员的名字被译成先名后姓，一则违反国家规定，二则造成混乱。按国家规定，汉语姓名的翻译应该遵照如下形式拼写。

（1）单姓单名：姓和名分开拼写，姓在前，名在后，开头第一个字母都要大写。例如：

姚明 Yao Ming

刘翔 Liu Xiang

张帆 Zhang Fan

（2）单姓双名：姓和名分开拼写，姓在前，名在后，双名连写，中间不必空格或用连字符号"-"，姓和名开头第一个字母都要大写。例如：

毛泽东 Mao Zedong

邓小平 Deng Xiaoping

郭沫若 Guo Moruo

（3）复姓单名：姓和名分开拼写，双姓连写在前，名在后，姓和名开头第一个字母都要大写。例如：

欧阳修 Ouyang Xiu

诸葛亮 Zhuge Liang

司马光 Sima Guang

东方朔 Dongfang Shuo

欧阳松 Ouyang Song

# 第四章　英汉语言交际翻译与跨文化传播

皇甫玉 Huangfu Yu

（4）复姓双名：姓和名分开拼写，双姓连写在前，双名连写在后，姓和名开头第一个字母都要大写。例如：

长孙无忌 Zhangsun Wuji

司马相如 Sima Xiangru

东方闻樱 Dongfang Wenying

除此之外，还需注意以下几个问题。

（1）姓和名通用首字母大写规则，也可以全部大写，但不宜全部小写。如"王海涛"要写成 Wang Haitao 或 WANG HAITAO，但不宜写成 wang haitao。

（2）无论是复姓，还是双名，如果相连的两字可能发生连读，中间要用隔音符号"'"隔开，以避免两字连读成一个音。比如：何迪安 He Di'an。不然，就成了"何典He Dian"。同样，王熙安和王贤分别为 Wang Xi'an 和 Wang Xian。吴承恩和吴晨根 Wu Cheng'en 和 Wu Chen-gen。

（3）由于复姓不如单姓简洁明快，因此随着时间的推移，不少复姓陆续演变成了单姓。例如，欧阳改作欧，司马改作司，慕容改作慕等。如果这样，那就按单姓翻译。东汉时期《风俗通义·姓氏》所收录的500个姓氏中，复姓约占三分之一。而在北宋时期的《百家姓》中，收录姓氏438个，复姓十分之一都不到，只有30个。从历史发展进程来看，复姓减少是一种基本趋势。但进入现代社会以来，随着同名同姓现象的日趋严重，人们开始使用复姓以缓解这一问题。

当然，这种所谓的复姓并非《百家姓》中的复姓，而是人们根据有关情况约定而成。比如，女子出嫁后仍保留自己的姓（娘家的姓），将丈夫的姓加在自己的姓之前，便构成双姓。港澳地区有的女性还保持这一习俗，如1996年当选为香港特别行政区临时立法会议员的杜叶锡恩、范徐丽泰。

还有一种制造复姓的途径，就是父母给独生子女取名时，让孩子姓父母双姓，再加单名或双名，如李陈东、邓郭泰安等。翻译此类姓名按照复姓或单姓加名翻译。还有的孩子的姓名干脆由父母双方的姓连缀而成，如陈程、王郑等。翻译此类姓名，按前者为姓后者为名来译。

（4）译名的缩写形式：姓全写，只缩写名，一般全部用大写字母，有时姓只第一个字母大写。例如：

姚明 Yao Ming，YAO M.（Yao M.）

王治郅 Wang Zhizhi，WANG ZH. ZH.（Wang Zh. Zh.）

张益群 Zhang Yiqun，ZHANG Y. Q.（Zhang Y. Q.）

诸葛亮 Zhuge Liang，ZHUGE L.（Zhuge L.）

司马相如 Sima Xiangru，SIMA X. R.（Sima X. R.）

注：国际体育比赛中，运动员的姓名往往都以缩写的形式出现在电子屏幕上，而采用的是将缩写的名字放在全写的姓前，如 N. WANG（王楠）、Y. N. ZHANG（张怡宁），这样拼写都是不规范的，与国家规定是不相符的。

（5）少数民族姓名翻译均按少数民族的姓名原来的习惯照样译出，或名前姓后，或有名无姓等。例如，原全国人大常委会副委员长乌兰夫是蒙古族人，就得按蒙古族姓名的习惯译成 Ulanhu。

（6）已有固定英文姓名的中国古代名人、现当代科学家、华裔外籍科学家以及知名人士，应使用其已有的固定的英文姓名。例如：

杨振宁 C. N. Yang

丁肇中 S. C. C. Ting

陈省身 S. S. Chern

林家翘 C. C. Lin

吴瑞 R. J. Wu

丘成桐 S. T. Yau

李四光 J. S. Lee

（7）由于姓名具有个人属性，有些人特别是有些名人在与外国人交往中使用英文名字，其拼写形式一般先名后姓。例如：

张朝 Charles Zhang

吴士宏 Juliet Wu

张培德 Peter Zhang

王大治 David Wang

赵莫莉 Mary Zhao

## （二）姓名翻译的审音标准

名从主人是翻译人名的国际通用规则，在形式上要按原名的顺序拼写，在发音上要按原名的发音拼出。

（1）汉民族姓名一般采用标准普通话拼音。例如：

陈建国 Chen Jianguo

张建中 Zhang Jianzhong

（2）少数民族姓名和港澳台地区则可用原发音拼出。例如，董建华（Dong Chee Hwa），按港澳发音译出。

（3）古代人名的特殊读音及其译音。汉语中一字多音常常出现，在人名中也不例外。特别是一些古代人名的用字及读音与现在有别，翻译时要特别注意，要按原名发音译出，切莫望文生音。例如：

李适之 Li Kuozhi（唐朝宗室宰相，并非胡适之的"适"音）

尉迟恭 Yuchi Gong（唐朝大将，力助亲王李世民夺取帝位。李登基后，欲将女儿许配于他，但他以"糟糠之妻不下堂"谢绝，素为世人称道）

万俟卨 Moqi Xie（宋朝奸佞秦桧陷害岳飞之帮凶）

郦食其 Li Yi ji（汉高祖刘邦手下的一辅臣）

还有些现代根据某事或某人的特点取的绰号，除音译外，还需做出注释才行。不然，其中含义难以彰显。例如，范跑跑（Fan Paopao: a nickname for Fan Meizhong, a middle school teacher, who fled alone from the classroom in class with students left in the earthquakes on May 12, 2008）。还有与范跑跑齐名的"猪坚强"可以仿人名戏谑性地（按英文名顺序）译出：Jiangiang Zhu（referring to a pig who, buried under the ruins for 36 days and nights, survived the earthquake in Wenchuan on May 12, 2008）。

## 第二节 英汉地名翻译与跨文化传播

### 一、英汉地名文化差异

#### （一）具体地址

具体地址是指带有行政区划所属的地址，也可以说是邮件地址。中国人书写时习惯由大到小，如国—省—市—县—乡镇—村等这样的方式，而英语的方式刚好相反，由小到大。这是由于中西文化习惯和思维方式不同所致。中国人偏重整体思维，求同存异；西方人偏重个体思维，求异存同。[①]所以，翻译英语地址一般按先小后大的顺序译出，汉语则刚好相反。例如：

中国浙江省杭州市学院路212号1幢108室

Room 108, Building 1, No. 212, Xueyuan Road, Hangzhou, Zhejiang Prov., China.

#### （二）地名的拼写规则

（1）地名中的基数词一般用拼音书写。例如：

五台山 Wutai Mountain

五指山 Wuzhi Shan

九龙江 Jiulong Jiang

三门峡 Sanmen Xia

二道沟 Erdao Gou

三眼井胡同 Sanyanjing Hutong

---

[①] 王述文，朱庆，郦青.综合翻译教程[M].北京：国防工业出版社，2010.

# 第四章 英汉语言交际翻译与跨文化传播

八角场东街 Bajiaochang Dongjie

三八路 Sanba Lu

五一广场 Wuyi Guangchang

李庄 Lizhuang

海南岛 Hainan Dao

东直门外大街 Dongzhimenwai Dajie

南京西路 Nanjing Xi Lu

（2）地名中的数字代码和街巷名称中的序数词用阿拉伯数字书写。例如：

1203高地 1203 Gaodi

1718峰 1718 Feng

二马路 2 Malu

经五路 Jing 5 Lu

三环路 3 Lu Huan

大川淀一巷 Dachuandian 1 Xiang

天宁寺西里一巷 Tianningsi Xili 1 Xiang

东四十二条 Dongsi 12 Tiao

（3）地名连写中，凡以 a, o, e 开头的非第一音节，如果音节的界限发生混淆，在 a, o, e 前用隔音符号"'"隔开。例如：

西安 Xi'an

建瓯市 Jian'ou City

天峨县 Tian'e County

兴安县 Xing'an County

（4）历史上有些地名拼写采用威妥玛拼音，与现在标准拼写不一致，有的已改，有的由于已约定俗成，因此有些在国际交流中，仍然保留使用。例如，北京已由 Peking 改译为 Beijing，南京已由 Nanking 改译为 Nanjing，但北京大学和南京大学仍为 Peking University 和 Nanking University，青岛已改译为 Qingdao，但青岛啤酒却译为 Tsingtao Beer，Chungking（重庆），Chekiang（浙江），Fukien（福建），Kweichow（贵州），Hankow（汉口），Kwangtung（广东），Tientsin（天津），Tsingtao（青岛），Dairen（大连）等还仍用于港澳台英译。

还有地名按非注音拼写译出，如蒙古（Mongolia）、西藏（Tibet）、广州（Canton，与 Guangzhou 并用）、香港（Hongkong）、澳门（Macao）、东北三省（Manchurian）等。

## （三）少数民族语言地名

国家规范和国际标准明确要求汉语地名的专名要用汉语拼音，但这并不代表所有用汉字书写的地名都要用汉语拼音。有些用汉字书写的地名涉及少数民族语言和地区，必须按照名从主人的原则，以该民族语言的发音为标准用拉丁字母转写。例如，"乌鲁木齐"是新疆维吾尔自治区区政府所在地，属于维吾尔语地名，标准英译不是汉语拼音 Wulumuqi，而是 Urumqi；"呼和浩特"是蒙古语地名，其英语名称不是汉语拼音 Huhehaote，而是 Hohhot；"拉萨"是藏语地名，其英语名称不是汉语拼音 Lasa，而是 Lhasa。

中国有55个少数民族，而汉语是各民族交流沟通的共同语，所以各个民族的地名都有汉语名称，但在英译时并非都要按照汉语拼音书写。其中，少数民族中人口众多的民族如维吾尔族、藏族、蒙古族等都有自己的语言和文字，英译这些民族和地名时就要以该民族的语言为标准。例如，"新疆维吾尔自治区"中，"新疆"属于汉语专名，"维吾尔"属于维吾尔语的汉字书写形式，"自治区"属于通名，所以要区别对待，分别音译和意译，标准英译为 Xinjiang Uygur Autonomous Region。

有些少数民族没有自己的文字，英译这些民族地区的汉字地名时就可以使用汉语拼音。例如，"湘西土家族苗族自治州"的英语名称就是 Tujia-Miao Autonomous Pre-fecture of Xiangxi。

碰到汉字书写的地名时一定要有辨别意识，要判断哪些才是汉族地名，哪些是少数民族地名。当然，最稳安可靠的办法是查阅相关的专业书籍，如中国地名委员会编著的《中华人民共和国地名录》等权威工具书，或者询问专家，切不可自以为是，否则会闹大笑话。

### （四）港澳台等地区地名

由于历史的原因和政治制度的差异，中国大陆和港澳台地区、海外华人社区在地名的使用和翻译方面存在显著差异，了解这一点对于准确翻译中国港澳台地区地名及海外华人社区地名至关重要。这种差异主要体现在以下几方面。

（1）中国大陆把汉语拼音作为转写大陆地区汉语地名的标准，使用简化字，而港澳台地区及海外华人社区则使用广东话和威妥玛式相混杂的拼写法，使用繁体字。例如，"香港"的汉语拼音为 Xianggang，而通用的英语拼写却是 Hong Kong（"香港"在粤语中的发音）。

（2）港澳地区和海外华人社区由于受西方殖民统治和地域方言的影响，同一地名的汉语命名和英语拼写存在汉字和音节不对应现象。对于大陆熟悉了汉语拼音的人来说，这一点尤其不适应。例如，香港岛最高峰"扯旗山"的英文名称是 Vietoria Peak，假如按照大陆通行的翻译外来地名的原则处理，Victoria Peak 应该译成"维多利亚峰"才对；香港的"大屿山"英文名称 the Lantau Island 更令人称奇，"山"跃称为"岛"不说，"大屿"和 Lantau 之间有什么关系也让人百思不得其解，但是翻阅香港地图不难发现此山确实自成一个小岛；印度尼西亚华人所称呼的"万隆"，其英文名称是 Bandung。

（3）港澳台地区有些专名音译和意译交替或并存。就拿香港的三个组成部分香港岛、九龙、新界来说，Kowloon 是"九龙"的音译，New Trrtories 是"新界"的意译，Hong Kong Island 则是"香港岛"的音译和意译并用形式。翻译中国港澳台地区的地名对于熟悉汉语拼音的人而言具有一定难度，必须多查相关的工具书，绝对不可草率行事。

### （五）单个地名

单个地名主要是指一些城市名、河流、山川名等，不带行政区划所属。

1.译音

专名构成的地名：

北京 Beijing

上海 Shanghai

天津 Tianjin

重庆 Chongging

杭州 Hangzhou

武汉 Wuhan

荆州 Jingzhou

2.译音加译意

专名与通名词构成的地名：

长江 Changijiang River

泰山 Mount Tai

中山公园 Zhongshan Park

天安门广场 Tiananmen Square

长安街 Chang'an Street

3.译意

完全由普通名词构成的地名：

西湖 the West Lake

东湖 the East Lake

颐和园 the Sumer Palace

紫禁城 the Forbidden City

天坛 Heaven Temple

# 第四章　英汉语言交际翻译与跨文化传播

## 二、英汉地名文化的翻译与传播

一般来说，外来地名汉译的指导原则如下所述。

（1）约定俗成。历史上已经有习惯译法的地名，即使与原发音相去甚远或不大合理，也应尽量予以保留。例如，奥地利城市 Wien 本应按名从主人的原则，根据德语发音译为"维恩"，但按英语名称 Vienna 翻译的"维也纳"却广为人知。

（2）用字规范。译写外来地名时均应按照汉语普通话读音，使用规范汉字，避免地方音、生僻字、贬义字。[①]例如，Suez "苏伊士"，旧译"苏彝士"用字生僻；Mozambique "莫桑比克"，旧译"莫三别给"容易使人望文生义，含有贬义。[②]

翻译外来地名的方法主要有三种：

（1）音译。绝大多数地名中的专有名词一般要音译，单个音节用一个汉字译写，音节过多时可以省略某些不明显的音。例如：

Wellington 惠灵顿

Victoria 维多利亚

（2）意译。地名中的通名、有明确含义的部分一般意译。例如：

White House 白宫

（3）半音译半意译。例如：

Cambridge 剑桥

Derbyshire 德比郡

为了保证译名的统一和规范，处理外来地名时应该以中国地名委员会编著的《外国地名译名手册》为国家标准。

---

[①] 崔祥芬,王银泉.再谈译名规范——以当代西方翻译家姓名汉译为例[J].中国科技术语，2016, 18（1）.

[②] 冯庆华.翻译365[M].北京：人民教育出版社，2006.

# 第三节　英汉称谓语翻译与跨文化传播

## 一、英汉称谓语文化差异

### （一）亲属称谓的称呼形式

在实际交际中，即当亲属之间面对面交谈时，并非使用标准称谓，而是使用另一套称呼系统（面称）。在这个系统中，亲属称谓、姓名、头衔和排行等都可用于对亲属的称呼。其中需要指出的是，亲属称谓在具体使用时因地域等原因有许多变体，尤其在汉语中，这些变体主要集中在祖父母和父母的称谓上，如"祖父"有"爷爷""公公""伯翁"等。另外，在用姓名称亲属时，英汉语中都偏向于使用名或各种昵称，表现出一种亲近。

在汉语中，亲属称谓通常用来称呼比自己辈分高或与自己同辈但比自己年长的亲属，而辈分高的人对辈分低的人则可以直呼其名。这一原则在汉语称呼中要绝对遵守，在中国古代，父母和祖先的名字对辈分低的亲属来说甚至是一种"讳"，在言谈中要避免提到，以免冲撞。《红楼梦》中提到林黛玉每次念到"敏"字时便要避开或念成其他字，就是因为避讳其母贾敏的名字。在英语民族中则不然，虽然对辈分高的亲属通常也要求使用亲属称谓，但对同辈，无论年长或年幼，一律使用名字。在某些较为开放的家庭，对父母甚至祖父直呼其名也不为怪。

英汉亲属称谓在称呼形式上的另一差异体现在对同辈中长幼不同者的称呼上，汉语对同辈的亲属按长幼排序，而英语中则无此原则。在称呼与己身同辈人时，英语国家的人无论长幼一律用名，而在汉语中对年长者只用称谓，对年幼者用名或亲属称谓，除此之外还要使用表排行的面称修饰语。古代表排行的修饰语有"伯、仲、叔、季"，现代汉语中则多用数字来表示，如"大、二、三……"。在英语中为区别辈分相同但高于己身的亲属，可在亲属称谓后加上被称呼者的名，如Uncle George，Uncle Sam，而无需强调长幼排行。①

头衔在汉语中很少用来称呼亲属，尤其是直系亲属，即使在正式的社交场合，称呼亲属仍用亲属称谓或姓名。例如，儿子在父亲的单位上班，一般情况下，在单位里儿子仍用"爸爸"来称身为领导的父亲，而不用"……先生"或"……处长"，除非两人平日里素来不和。而英语中使用社交头衔，尤其是用"Mr. + Surname"来称呼亲属的现象比较普遍。《傲慢与偏见》中班纳特先生和班纳特太太就用 Mr. 和 Mrs. 互称。这种差异表明汉语文化中的亲属和家族观念明显较西方重要。

## （二）拟亲属称谓

拟亲属称谓的使用可以增进人际间的亲密程度，消除距离感。这种作用似乎是来自亲属称谓的特殊功能，即家庭成员间要比普通人之间的关系亲密。在英语中，儿童常用亲属称谓来称呼比自己年长的非亲戚。常用的词有 uncle, aunt, granny。这种称呼也只用于具有相当密切关系的熟人、邻居，而不可用于陌生人和关系一般的人。成年人不使用拟亲属称呼。

汉语中的拟亲属称呼使用范围则要广泛得多。常用的称谓有"爷爷、奶奶、叔叔、阿姨、伯伯、大哥"等。这些称呼语也可加上别的附加修饰语，如"老""大"作前缀，或接姓或名。这类用法的使用者也不仅限于儿童，成年人也可使用。例如：

李阿姨，新年好！

王大爷今年八十了。

大姐，这大白菜多少钱一斤？

在汉语中，更多的拟亲属称谓是用来称呼辈分高者或年纪长者，这一点与亲属称谓在亲属内部的使用情况一致。值得注意的是，英语中的 son 常被年长者（尤其是年岁较大的人）用来称呼年轻人，但这种用法似乎已失去了该词的本义，而相当于汉语的"小伙子"了，而 daughter 却不用于类似情

---

① 张安德，杨元刚.英汉词语文化对比[M].武汉：湖北教育出版社，2003.

况。在汉语中使用低辈分的亲属称谓词很少见，如果有谁被称作"儿子"，他定会勃然大怒地认为"被占了便宜"，"孙子"更是一种用来进行羞辱的称呼。另外，在年纪相仿的人之间互用拟亲属称呼时，似乎更倾向于称对方为"哥"或"姐"而非"弟"或"妹"，或将对方抬高一个辈分来称呼，即使自己年纪可能较对方要长。从这一点可以看出，汉语中的拟亲属称谓除表拉近距离外，似乎也是表示尊敬的一种方式，因为年长者和辈分高者在家族中是享受较高地位且极被尊敬的。

这种"卑己尊人"是汉民族礼貌原则的最大特点。《礼记》开篇称："夫礼者，自卑而尊人。"这个礼貌原则不仅表现在称呼行为上，而且是指导人们一切言行的准则和规范，即对自己和与自己相关的一切事物都要表示出谦逊，而对对方的一切都要表现出尊敬和恭维。

汉语民族的这种礼貌习惯就是通过贬低自己而使交际对象感到一种心理优势，从而体现出说话人对对方的一种尊敬，这与英语民族的礼貌习惯大相径庭。英语通常用句法手段或其他非言语交际手段而非词汇手段来表示礼貌，更重要的是，英美人对中国人卑己尊人的礼貌原则常常无法理解。在他们看来，通过损害自己的"面子"而给他人"面子"的做法是不可思议的。尤其在现代英美社会，人们认为更礼貌的做法是交际双方的相互对等而非"权势"差别。

英语中除少数职业或职务可用于称呼外，很少听到 Manager Jackson 或 Principal Morris 之类的称呼。同长辈和上级说话或写信时并不需要什么特殊的称呼，一般情况下，"你"就是"you"，"我"就是"I"。

当然也有例外，如对于皇室、贵族或较高地位的官员要用尊称："Your/His/Her Highness"（阁下，殿下）；"You/His/Her Honor"；"Your/His Her Lordship"（阁下，大人——对市长、法官等）；"Your/His/Her Ladyship"（夫人）；"my Lord"（大人——对大主教、法官等）；"Your Majesty"（陛下——对国王、王后）；"Your Excellency"（阁下）等。[①]

---

① 冯庆华.翻译365[M].北京：人民教育出版社，2006.

## 二、英汉称谓语文化的翻译与传播

### （一）转化译法

在对称谓语文化进行翻译时，转化译法具体指的是对原文的观点和角度进行相应的改变，采取灵活的译法来对称谓进行灵活建构，这样更加便于译入语读者的理解和表达。例如：

"小栓的爹，你就去么？"是一个老女人的声音。里面的小屋里，也发出一阵咳嗽。

"Are you going now, Dad?" queried an old woman's voice. And from the small inner room a fit of coughing was heard.

本例在翻译时，对汉语文化中比较常见的称谓方式"孩子他爹""小栓他爹"直接转化翻译成 Dad，更加便于目的语读者理解。

### （二）归化译法

针对汉语文化惯用排行称谓而英语文化多用姓名称谓这一情况，在进行翻译时可采用归化译法，将汉语的排行称谓翻译成英语的姓名称谓。例如：

"四妹，时间不早了，要逛动物园就得赶快走。"

四小姐蕙芳正靠在一棵杨柳树上用手帕揉眼睛。

"九哥，他是不是想跳水呢？神气是很像的。"

（茅盾《子夜》）

"Huei-fang !" he called. "It's like getting late. We'll have to get a move on if you want to see the zoo."

Huei-fang was leaning against a willow, dabbing her eyes with a handkerchief.

"Chin-Shen, was he going to throw himself into the pond? He looked as if he was."

本例在翻译时，采取了归化译法，为了与英语文化的习惯相一致，用名字取代了汉语惯用的排行称谓。

## （三）约定俗成译法

汉语中的很多亲属称谓都可采用约定俗成的方式直接译之。这种称谓文化的翻译策略在日常交往中也被运用得非常普遍，如表4-1所示。

表4-1　称谓词约定俗成翻译例词

| 汉语称谓 | 英语称谓 |
| --- | --- |
| 爸 | dad |
| 妈 | mom |
| 父亲 | father |
| 母亲 | mother |
| 孙儿 | grandson |
| 孙女 | granddaughter |
| 女儿 | daughter |
| 儿子 | son |

## （四）直译 + 注释法

对于一些直接翻译或按照约定俗成策略翻译容易造成理解上的偏差的情况，为了更便于读者的明确认识和理解，通常在原先翻译的基础上添加注释，如表4-2所示。

表4-2　汉语称谓词翻译直译 + 注释法例词

| 汉语称谓 | 英语称谓 | 英语注释 |
| --- | --- | --- |
| 兄 | brother | elder brother |
| 弟 | brother | younger brother |

续表

| 汉语称谓 | 英语称谓 | 英语注释 |
|---|---|---|
| 儿媳 | daughter-in-law | son's wife |
| 女婿 | son-in-law | daughter's husband |
| 姐夫 | brother-in-law | husband of one's elder sister |
| 妹夫 | brother-in-law | husband of one's younger sister |
| 岳父 | Father-in-law | wife's father |
| 公公 | Father-in-law | Husband's father |
| 岳母 | mother-in-law | wife's mother |
| 婆婆 | mother-in-law | Husband's mother |
| 内兄（妻兄） | brother-in-law | wife's elder brother |
| 内弟（妻弟） | brother-in-law | wife's younger brother |
| 侄子 | nephew | brother's son |
| 外甥 | nephew | sister's son |
| 舅父母 | Maternal Uncle（Maternal Aunt） | Mother's brother（wife of mother's brother） |
| 姨父母 | Maternal Uncle（Maternal aunt） | Mother's sister（husband of mother's sister） |
| (外)孙婿 | grandson-in-law | granddaughter's husband |
| (外)孙媳 | granddaughter-in-law | grandson's wife |

# 第四节　英汉委婉语翻译与跨文化传播

## 一、英汉委婉语差异分析

委婉语作为一种常见的修饰手段和交际技巧，在英汉两种语言中都存在。委婉语和禁忌语相辅相成，委婉语的产生来源于语言禁忌，禁忌语又源于人们的文化价值观。由于语言是文化的一部分，语言反映着一个民族独特的文化特征和文化传统，委婉语（或者说"禁忌语"）也反映了某一民族独特的文化价值观。我们在探讨英汉委婉语构成方式的异同时，也要着重研究英汉委婉语中积淀的特定的民族文化心理，否则就无法扫清跨文化交际中的障碍。

与英美人相比，中国人使用委婉语的语用习惯是有过之而无不及的。中国民间有"说凶即凶，说祸即祸"的畏惧和迷信心理，因而禁忌提到凶祸一类的字眼，唯恐因此而招致凶祸的真正来临，不得不说的时候就会借助委婉语来表达。对于日常生活中经常涉及性、性器官、性活动、排泄器官、排泄行为、排泄物等属于禁忌范畴的词语，中国人同西方人一样觉得这类词语肮脏淫秽、难以入耳，因此极为顾忌并极尽可能加以避讳，这也是全世界各民族的共同心理。请看汉语和英语委婉语相似的实例。

### （一）关于死亡的中西委婉语文化差异

（1）关于死亡的英语委婉语

①He has passed away（逝世/谢世/过世/去世/辞世）.

②I was told your father was gone（逝去/走了）last night. I'm too sorry to hear that.

③The old man is lucky to have been in heaven/gone to heaven（已进天堂/已上西天）.

④She has been released from this mortal world（撒手人寰）.
⑤The great American writer is asleep/silent for ever（安息）.
⑥All the people were sorry to hear the news that the great scientist had departed from the world forever（与世长辞）.
⑦Finally the old woman breathed her last（咽下最后一口气）even if she was quite unwilling to leave this world.
⑧He was not unhappy at all knowing that he would soon go the way of all flesh（踏上众生之路）.
⑨John sighed relieved as he knew he could pay his debt to nature（回归大自然）.
⑩After being ill for so long, she eventually went to better world（奔向极乐世界）.

（2）关于死亡的汉语委婉语
①他父亲上周逝世/去世/过世了。
②老人昨晚走了。
③等我父母双亲百年之后，我才会离开此地。
④这位高僧早已圆寂/坐化。
⑤老先生终于驾鹤西去/寿终正寝。
⑥他可真是个好人，没想到却不幸英年早逝。
⑦我听说他家老爷子升天/上西天了。
⑧当朝皇帝已于昨日驾崩/晏驾。
⑨历史上有千千万万革命烈士慷慨就义/为国捐躯。
⑩这位警官在与罪犯的斗争中以身殉国/殉职。

## （二）关于令人反感、不悦的事物的中西委婉语文化差异

日常生活中一些可能会使人感到不悦甚至恶心的事物、特征、事情、行为等通常也会有相应的委婉语。例如，飞机上的"呕吐袋（vomit bag）"上往往写着for motion discomfort（用于旅途中的身体不适）；"癌症"不说cancer，而说the big C，CD（cancer disease）或unnecessary growth；"马虎、

粗心"不说 sloppy and careless，而说 absent-minded（心不在焉）；"撒谎"不说 lie，而说 not tell the truth；"穷"不说 poor，而说 needy；而 night soil 却是 human excrement removed from latrines，etc. at night（夜间从粪坑中清除的粪便）的委婉语。

另外，有一些事物、现象也会引起人们反感，是某些人不愿提及或承认的，这样也会有与之对应的替代性的委婉语。例如：

depression（经济萧条）的委婉说法是 recession（经济不景气倒退）；economy class（飞机的经济舱）的委婉说法是 excursion class（旅游舱）；expensive 的委婉说法是 premium-priced（物稀价高）；poor countries 的委婉说法是 less developed countries；slums（贫民窟）的委婉说法是 old, more crowded area；strike（罢工）的委婉说法是 industrial dispute（劳资纠纷）；suppression（镇压）的委婉说法是 police action（警察行动）；used car（二手汽车）的委婉说法是 pre-owned car 等。

## 二、英汉委婉语的翻译与传播

### （一）尽量使用对等的委婉语

有的委婉语在英汉两种语言中能够找到非常相似的表达，可做对等翻译。例如：

to go to sleep 长眠

to be no more 没了，不在了

to close one's eyes 合眼、闭眼

to expire 逝世

to lay down one's life 献身

to end one's day 寿终

to go to west 归西

to pay the debt of nature 了结尘缘

a mother-lo-be 准妈妈

## （二）套用目的语中的委婉语

有的委婉语在英汉两种语言中差异较大。套译目的语中的委婉语或者直接将意思译出则更简便、易于理解。例如：

She's seven months gone.
她已有七个月的喜了。
to wear the apron high 身子重了/有喜了
to be in a delicate condition 身子不方便/有孕在身
a lady-in-waiting 待产妇
May I use the toilet?
可不可以用一下洗手间？
I'm going to my private office.
我去办点私事。
May I please leave the room?
我去去就来。
May I please be excused.
失陪一下。

# 第五章　英汉传统习俗翻译与跨文化传播

　　中国历史文化源远流长、博大精深,在长期的发展与演变过程中形成了各种各样的习俗文化,对这些习俗文化的深入了解有助于认知不同区域中人们的生活习惯。与中国相比,西方的习俗发展时间虽然不长,但也形成了一定的规约与体系。对于传统习俗而言,中西方民族的节日、饮食、建筑各具特色。本章主要研究英汉传统习俗翻译与跨文化传播,包括英汉节日、饮食、建筑的翻译。

# 第一节　英汉节日翻译与跨文化传播

## 一、英汉节日文化差异分析

### （一）holiday，festival，vacation 和节假日

holiday，festival 和 vacation 这三个词在表示节日或假日的时候意思有交叉重叠的地方，关于什么时候用哪一个词最合适，很多人并不清楚。这里我们介绍一下它们的用法和译法。

holiday 和 vacation 在表示"休假""外出度假"和"假期"时意思是一样的，差别在于 holiday 是英国用法，而 vacation 是美国用法。

I'm on holiday/vacation until the 1st of June.

我休假要休到6月1日。

summer holidays/vacation 暑假

Christmas holidays/vacation 圣诞假期

但 holiday 还可以表示"法定节假日"，而 vacation 无此含义。

The 1st of May is the national holiday in China.

5月1日是中国的法定假日。

如果要表达某一机构里职员享受的带薪假则两词均可用。

Employees are entitled to four weeks' paid vacation annually.

职员每年可以享受四个星期的带薪假。

上面讲的是 holiday 和 vacation 用法的异同，下面再来看一看 holiday 和 festival 的异同。holiday 在表达"节日"时含义比 festival 广泛，既可以指法定节日，又可以指宗教节日，但 festival 不能用于法定节日，通常是指宗教节日或传统节日。

Christmas and Easter are church festivals.

圣诞节和复活节是教会的节日。

Spring Festival 春节

## （二）carnival 和"嘉年华"

carnevale 在英文中被译作 carnival。如今已没有多少人坚守大斋节之类的清规戒律，但传统的狂欢活动却保留了下来，成为人们的一个重要节日。

carnival（a public event at which people play music, wear special clothes, and dance in the streets）是一种狂欢的节日，即"狂欢节"，香港人把它音译成"嘉年华"，这个优美的译名传入内地后，很快成为大型公众娱乐盛会的代名词，如 a book carnival（书籍博览会），a water carnival（水上运动表演会）。但现在 carnival 似乎大有被滥用的趋势，如"太妃糖嘉年华""啤酒嘉年华""花卉嘉年华"等，其实，这里"嘉年华"只是"节日"的一个时髦叫法，与原来狂欢的概念已经相差甚远了。

下面是几个世界著名的狂欢节。
Rio Carnival 里约热内卢狂欢节
Carnival of Venice 威尼斯嘉年华
Notting Hill Carnival 诺丁山嘉年华会

## （三）和春节有关的词汇

春节（the Spring Festival）是农历（lunar calendar）的第十天，是中国人最隆重的传统节日，春节的历史非常悠久，所以与春节有关的词汇也特别丰富。下面我们介绍一些和风俗习惯及饮食有关的词汇。

customs 风俗习惯
剪纸 paper-cuts
烟花 fireworks
爆竹 frecrackers
舞狮 lion dance
舞龙 dragon dance
food 食品

饺子 jiaozi

## （四）中西节日文化性质对比

中西方节日性质对比具体如表5-1所示。

表5-1　中西方节日性质对比

| 中国 | | 西方 | |
|---|---|---|---|
| 年节 | 综合 | 圣诞节 | 综合 |
| 元宵节 | 单项 | 狂欢节 | 单项 |
| 人日节 | 单项 | 复活节 | 综合 |
| 春龙节 | 综合 | 母亲节 | 单项 |
| 清明节 | 综合 | 愚人节 | 单项 |
| 端午节 | 综合 | 划船节 | 单项 |
| 七夕节 | 综合 | 情人节 | 单项 |
| 鬼节 | 单项 | 鬼节 | 单项 |
| 中秋节 | 综合 | 父亲节 | 单项 |
| 冬至节 | 单项 | 仲夏节 | 单项 |
| 腊八节 | 综合 | 啤酒节 | 单项 |
| 小年节 | 综合 | 婴儿节 | 单项 |
| 除夕节 | 综合 | 葱头节 | 单项 |

（资料来源：刘立吾、黄姝，2014）

## 二、英汉节日文化的翻译与传播

### （一）中国重要节日的英译

每个国家都有自己的特别节日，有的是法定节日，有的是习俗节日。在中国，我们通常庆祝的国际节日和法定节日有下列这些。

元旦 Jan. 1–New Year's Day

三八妇女节 Mar. 8–Women's Day

五一劳动节 May. 1–Labor Day

八一建军节 Aug. 1–Army Day

教师节 Sep. 10–Teachers' Day

国庆节 Oct. 1–National Day

在习俗节日中，除了前面提到的春节，比较重要的还有元宵节、清明节、端午节、中秋节和重阳节。把这些节日名称翻译成英语时，既要符合原意，又要便于理解。例如：

元宵节译为 Lantern Festival

清明节译为 有人按照这个节气所指的季节特点而译为 Pure Brightness，也有人称之为 Tomb Sweeping Day

端午节译为 Dragon Boat Festival

中秋节逐字意译为 Mid-autunn Festival，有时也译成 Moon Festival

重阳节 由于我们把"重阳"称为"重九"，所以习惯上把重阳节译成 the Double Ninth Day

## （二）英美重要节日的汉译

每个国家都有自己的节日，这里我们介绍一些英美国家的重要节日。

Jan. 1–New Year's Day 元旦

Feb. 14–Valentine's Day 情人节

July. 4 – Independence Day 美国独立日

Sept. 1 – Labor Day 劳动节（注意与中国的劳动节不同）

Oct. 31 – Halloween 万圣节

Dec. 25 – Christmas 圣诞节

在翻译这些节日名称时，我们千万不能望文生义，如 bank holiday 按字面译成"银行假日"就会让很多人百思不得其解，其实它指的就是 public holidays。Valentine's Day 被译成"情人节"，由于"情人"这个词在中文中的特殊含义,这种译法让很多人羞于庆祝这个节日。不过随着人们对这个节日真实含义的了解,相信会有越来越多的人接受这个节日,因为这是一个表达爱的节日。还有一个容易引起误解的节日是 Boxing Day,这可不是什么"拳击日",而是送 Christmas box(圣诞礼盒)的日子。

### (三)节日祝福的翻译

节日来临的时候,人们总是想起自己的亲人和朋友,希望把最美好的祝愿送给自己所爱的人。下面是一些节日的祝福语,我们可以根据实际情况选择最合适的祝福语。

Merry Christmas and a happy new year.
敬祝圣诞,恭贺新禧。
May the joy of Christmas be with you throughout the year.
愿圣诞佳节的喜悦,伴随您度过新的一年。
May peace, happiness and good fortune be with you always.
祝您年年幸福平安,岁岁满目吉祥。

## 第二节 英汉饮食翻译与跨文化传播

### 一、英汉饮食文化差异分析

#### (一)中国饮食结构及烹饪

中国的饮食文化丰富多彩、博大精深,烹饪技术更是独领风骚,风靡世界。了解中国饮食的结构与烹饪是做好饮食文化翻译的必备条件。

# 第五章　英汉传统习俗翻译与跨文化传播

1.饮食结构

中国的物产丰富，从而造就了中国人民丰富的饮食内容与结构。通常而言，我国用以烹制菜肴的原料主要分为以下六种类别。

（1）蔬菜类。蔬菜类可分为两种，一种是可食用的野菜，一种是人工栽培的各种可食用的青菜。就目前而言，人工栽培的各种可食用的青菜是人们主要的菜肴原材料。蔬菜的种类广泛，既包括白菜、菠菜、韭菜、芹菜等茎叶蔬菜，也包括土豆、甘薯、萝卜、莲藕等块根、块茎蔬菜，还包括蘑菇、木耳等菌类蔬菜，番茄类和笋类蔬菜以及葱、蒜等。

（2）瓜果类。瓜果类的种类也很丰富，包括瓜类食品如黄瓜、丝瓜、冬瓜、南瓜、西瓜、甜瓜等；包括能制作干鲜果品的枣、核桃、栗、莲子、松子、瓜子、椰子、槟榔等；还包括多种果、核、壳类食料，如苹果、葡萄、柑橘、菠萝、香蕉、桃、李、梅、杏、梨、石榴、柿子、荔枝等。

（3）鱼肉类。鱼肉类作为菜食原料是对古食俗的传承，主要包括家畜中的猪、牛、羊和家畜中的鸡、鸭、鹅的肉以及大部分内脏，也包括野兽以及野禽的肉（受保护的珍禽野兽除外），还包括水产中的鱼、虾、蟹等。

（4）蛋乳类。这类食料是指由家禽派生出来的蛋类和乳类，如鸡蛋、鸭蛋、牛奶等。

（5）油脂类。主要是指由家禽和鱼类提供的脂肪以及植物种子榨取得来的可食用油。

（6）调味类。主要是指各种调料，如姜、辣椒、花椒、桂皮、芥末、胡椒、茴香、盐、糖、醋、酱油、味精、鸡精、料酒等。

在中国人的饮食结构中，素食是主要的日常食品，即以五谷（粟、豆、麻、麦、稻）为主食，以蔬菜为辅，再加少许肉类。

除了以素食为主外，中国人还喜欢热食、熟食。在中国人的餐桌上，只有开始的几道小菜是冷食，随后的主菜多是热食、熟食。在中国人看来，热食、熟食要比冷食更有味道。中国人对热食、熟食的偏好与华夏文明开化较早和烹调技术的发达有很大关系。

2.常用烹饪技术

中国饮食制作精细，烹饪方法多种多样。如果把上述六种食料用不同的方法烹饪，可以做出成千上万种不同风味的菜肴。以下我们主要介绍一些中国饮食的烹饪技术。

（1）精细的刀工

加工食料的第一道工序是用刀，用刀要讲究方法和技巧，也就是刀工。日常的刀工主要有以下几种。切、削——cutting，切片——slicing（鱼片：fish slice/ sliced fish），切丝——shredding（肉丝：shredded meat/pork shred），切丁——dicing（鸡丁：chicken dice/diced chicken），切柳——filleting（羊柳：mutton fillet/filleted mutton），切碎——mincing（肉馅：meat mince/minced meat），剁末——mashing（土豆泥：mashed potatoes/potato mash），去皮——skinning/peeling，去骨——boning，刮鳞——scaling，去壳——shelling，刻、雕——carving 等。

（2）各种烹调方法

中国的菜肴烹调方法有50多种，但常用的主要有以下几种。

炒——frying/stir frying。这是最主要的烹调方法，如韭菜炒鸡蛋可译为 Fried Eggs with Chopped Garlic Chives。

爆——quick frying。这种方法与煎大致相同，但所放入的油更少，火更大，烹饪时间更短。

炸——deep frying/cooked in boiling oil。这一方法就是在锅内放入更多的油，等到油煮沸后将菜料放入锅中进行煎煮，经过炸煮的食物一般比较香酥松脆，如炸春卷可译为 Deep Fried Spring Roll。炸通常可分为以下三种：酥炸（crisp deep-frying）、干炸（dry deep-frying）、软炸（soft deep-frying）。

白灼——scalding。这种烹调制法的操作如下：将食物放在沸水中烫煮，然后取出来放佐料拌制或用热锅炒制。这种方法通常用于烹制海鲜食品。

熏——smoking。这种烹调制法是指将宰杀的家禽或野味，用调料或香料调制好以后，将其用特殊的树木柴禾进行熏烤，经这种方法烹制的菜肴往往风味独特，如五香熏鱼为 Smoked Spiced-fish。

## （二）西方饮食结构及烹饪

西方饮食文化精巧科学、自成体系。西方烹饪过程属于技术型，讲究原料配比的精准性以及烹制过程的规范化。比如，人们在制作西餐时对各种原料的配比往往要精确到克，而且很多欧美家庭的厨房都会有量杯、天平等，用以衡量各种原料重量与比例。食物制作方法的规范化特点体现为原料的配制比例以及烹制的时间控制。比如，肯德基炸鸡的制作过程就是严格按照要求进行的，原料的重量该多少就是多少，炸鸡的时间也要按照规定严格地操控，鸡块放入油锅后，15秒左右往左翻一下，24秒左右再往右翻一下，还要通过掐表来确定油炸的温度和炸鸡的时间。

相比较中国人的饮食原料，西方人的饮食原料极其单一，只是几种简单的果蔬、肉食。西方人崇尚简约，注重实用性，因而他们不会在原料搭配上花费太多的精力与时间。西方人只是简单地将这些原料配制成菜肴，如各种果蔬混合而成的蔬菜沙拉或水果沙拉；肉类原料一般都是大块烹制，如人们在感恩节烹制的火鸡；豆类食物也只经白水煮后直接食用。

西餐的菜品主要有以下几种。

（1）开胃品。

（2）汤。汤是西餐的第二道菜，大致可以分为四类：清汤、蔬菜汤、奶油汤和冷汤。

（3）副菜。副菜一般是鱼类菜肴，是西餐的第三道菜。

（4）主菜。主菜通常是肉禽类菜肴，是西餐的第四道菜。

（5）蔬菜类菜肴。西餐中的蔬菜类菜肴以生蔬菜沙拉为主，如用生菜、黄瓜、西红柿等制作的沙拉。

（6）甜点。西方人习惯在主菜之后食用一些小甜点，俗称饭后甜点。实际上，主菜后的食物都可以称为饭后甜点，如冰激凌、布丁、奶酪、水果、煎饼等。

## 二、英汉饮食文化的翻译与传播

### （一）西方饮食文化的翻译

时值炎夏，烈日如火，冰凉止渴的饮料便成了大家的最爱，从那些充斥在黄金时段的饮料广告就可见一斑。在饮料品种推陈出新的时候，我们也来关注一下饮料名称的翻译。

说到饮料名称翻译大家必然会想起 Coca-cola 译成"可口可乐"而在中国大获全胜的佳话。据说在可口可乐公司准备进驻中国市场的时候，请人翻译公司的主打饮料 Coca-cola，用过各种版本的译文效果都不甚满意，直到一位蒋姓先生用神来之笔译为"可口可乐"才皆大欢喜。因为"可口可乐"四字不仅用双声叠韵译出了原文押头韵和尾韵的音韵美，而且迎合了消费者的心理，消费者理想的饮料就是既要"可口"又要"可乐"。原文 Coca-cola 只是两种用来制这种饮料的植物的名称，因为碰巧语音接近而比较悦耳，相比之下作为饮料名称译文更音义俱佳，更容易激起食欲。正因为"可口可乐"的成功，所以后来人们把这一类的饮料都叫作"可乐"，于是我们有了"百事可乐"（Pepsi cola）、"非常可乐"（Future cola）等。

类似的成功例子还有 Sprite 和 Seven up 的汉译。Sprite 也是可口可乐公司旗下的饮料，在英语里的意思是"鬼怪、妖精"，如果直译成中文，对经常想方设法驱魔辟邪的中国人来说不会有多大的吸引力，所以在进入中国市场的时候根据饮料晶莹透亮的特征翻译成"雪碧"，让人一看到这个名称就联想到"飞雪和碧水"，顿时觉得浑身清凉、舒适解渴，当然是很快就畅销中国喽！Seven up 在英语里是由 seven 和 up 两个词组成的，up 有蓬勃向上、兴高采烈之意，要想找一个具有和 up 相同意思的汉字是不太可能的事，但是"喜"字比较接近，因为我们习惯把一切好事都叫作"喜"，如"双喜临门"，因此译成"七喜"可以说既符合中国人喜庆的心理又忠实于原文。相比之下，Fanta 译成"芬达"就逊色很多，只是译音，并没有兼顾语义。

翻译饮料名称不同于其他翻译，要注意音形义结合，最好还要好看、好读、好记，结合商业规律和译文文化背景，使译文起到成功的品牌效应。

## （二）中国饮食文化的翻译

1. 烹调手艺译法

从遍布世界各地的中餐馆我们不难看出"色香味"俱全的中华美食确实有着所向披靡的魅力，但是这些诱人的菜肴在上桌之前必须在厨房经过很多道水火的考验。以"滑炒鳝丝"（Sautéed Eel Shreds）为例，用英语解释一下它的烹饪过程。

烹饪程序：

第一步，用八成热的油把鳝丝炸一下。

第二步，锅里留少量油，将葱和姜炒香，加糖、盐、酱油，把鳝丝倒入锅里，加酒，翻炒几下，然后盛在一个盘子里。

Cooking procedure：

Step one：Deep-fry the eel shreds in 80% hot oil.

Step two：Flavor oil with scallion and ginger, add sugar, salt, soy sauce, drop in eel shreds, add wine, stir-fry, place in a plate.

为了了解更多的程序，我们必须知道下列常见烹调技法的英译。

煮 boil（煮水波蛋 poach an egg）

涮 scald in boiling water; instant-boil

炒 stir-fry（炒蛋 scrambled egg）

水煮 boil with pepper

煎 pan-fry

爆 quick-fry

炸 deep-fry

干炸 dry deep-fry

软炸 soft dee-fry

酥炸 crisp deep-fry

扒 fry and simmer

嫩炒 sauté

铁烤 broil; grill

烧烤 roast; barbecue

烘烤 bake; toast
浇油烤 baste
煲 stew (in water); decoct
炖 stew (out of water)
卤 stew in gravy
煨 simmer; stew
熏 smoke
烧 braise
焖 simmer; braise
红烧 braise with soy sauce
蒸 steam
焯 scald
白灼 scald; blanch
勾芡 thicken with cornstarch

2.餐桌上菜名的翻译

菜名翻译的时候应该尽量保留原文的美感，而不是仅仅翻译菜的原料和做法；当然，这个标准是灵活的，视具体情况而定。最简单的是"原料+做法"的菜名，可以采取直译的方法，如"北京烤鸭"可以译成Beijing Roast Duck，"清蒸黄鱼"可以译成Steamed Yellow Croaker。[1]

如果菜名是部分描摹菜的形色，部分点明原料的，可以把描摹部分翻译出来，更加形象。比如，"葡萄鱼"和"金银鸭片"。"葡萄鱼"是烧好之后状如葡萄的鱼，所以可以译成Grape-shaped Fish；而"金银鸭片"是指颜色金黄雪白交错，所以可以译成Golden and Silver Duck Slices。

---

[1] 刘黛琳，牛剑，王催春.实用阶梯英语跨文化交际（第2版）[M].大连：大连理工大学出版社，2010.

## 第五章　英汉传统习俗翻译与跨文化传播

### 3.茶的翻译

相传神农尝百草，发现茶叶能解百毒而把茶叶奉为天赐神药，可见中国人与茶有着非常深厚的渊源。唐时陆羽著《茶经》，对茶树的形状、茶叶产地、制茶工序等记叙详尽，被后人尊为茶神。后来茶叶随丝绸之路和几次航海经历传到世界各地，形成了各种不同风格的饮茶方式。

中国的茶叶根据发酵程度不同可分为绿茶、黄茶、白茶、青茶、红茶和黑茶六大类。我们可以把绿茶译成 green tea，黄茶译成 yellow tea，白茶译成 white tea，红茶译成 black tea，黑茶译成 dark tea（为了有别于 black tea）。根据外观可以分为砖茶、茶末和叶茶。砖茶可以译成 compressed tea，茶末可以译成 broken tea，而叶茶则习惯译成 leaf tea。根据饮用方法不同又可以分为功夫茶、盖碗茶等。功夫茶可以音译成 Gongfu styled tea 或者意译成 time-taking tea。盖碗茶也可以音译为 Gaiwan tea 或者意译为 lidded bowl tea。

三泡台是兰州一种很有特色的盖碗茶，之所以称为"三泡台"就是因为这茶可以冲三次水，头一遍是茶香，第二遍是糖甜，第三遍就是桂圆、大枣等的清香，因此可以译成 thrice brewed tea。

此外，还有各种果茶和花茶，以及与其他调料混制的茶。如何用英语来表示这些茶呢？比如，果茶我们可以译为 fruit flavored tea，芒果茶可以译为 mango flavored tea；花茶可以译为 scented tea，玫瑰花茶可以译为 rose scented tea；奶茶译成 milked tea。

英语里面也有各种茶，如加了草药的 herbal tea 或者 Tisane（法语），把不同产地不同品种的茶混在一起制作的 tea blends，以及 organic tea 和 decaffeinated tea。如果把它们译成中文，herbal tea 或 Tisane 可以译成"凉茶"，tea blends 可以译成"混制茶"，organic tea 译成"有机茶"，decaffeinated tea 译成"低咖啡因茶"。

### 4."粽子"翻译

中国的食品中，粽子是最有民族特色的。从制作原料到制作方式以及其食用节日的特殊含义，粽子都有着非常丰富的文化内涵。我们先来看词典对"粽子"的解释。某词典的英语翻译是这样的：pyramid-shaped dumpling made of glutinous rice wrapped in bamboo or reed leaves eaten during the Dragon

Boat Festival.我们日常生活会话与文学作品中的粽子如果这么去翻译的话，未免太复杂了。吴光华主编的《汉英大辞典》对"粽子"的翻译要简单得多：zongzi, traditional Chinese rice-pudding.

4.中国菜名的转译

在与外国朋友交谈的时候，我们喜欢在介绍物品通用的名称之余，不失时机地解释那些名字在中文里的含义以及它们体现出来的文化特征。我们经常看到外国朋友脸上惊异的表情，听到他们由衷的赞叹："You Chinese people are real romantic and poetic."其实，中国人的这种浪漫与诗意体现在生活的各个方面，即使是平常如一日三餐也可管中窥豹。比如，我们喜欢在命名菜肴的时候用数字，可是在翻译菜名的时候我们可不能小看了它们，以为只要把它们译成相应的数字就完了，还是要具体情况具体分析。①

菜名里如果包含二、三、四、六这几个数字的往往为实指，可以根据字面意思直译，如"珠玉二宝粥"可以直译成Pearl and Jade Two Treasures Porridge。其实，这个"珠"指薏米，也就是the seed of Job's-tears，而"玉"指山药，即Chinese yam，薏米和山药经过水煮，莹白透亮，形色如珍珠、白玉，故名"珠玉兰宝粥"；也可以直接翻译所用材料，让外国朋友一目了然：The Seed of Job's-tears and Chinese, Yam Porridge。菜谱上以译成前者为宜，可以引发联想，唤起食欲，但是为了避免外国朋友如坠云里雾里，我们可以在括号里注明原料。又如，"红油三丝"可译为Three Shreds in Spicy oil，然后在括号里注明是哪三丝；"四喜鱼卷"可译为Four Happiness Fish Rolls，因为每组鱼卷中四个不同颜色的小卷分别代表古人说的人生四喜，即"久旱逢甘露，他乡遇故知，洞房花烛夜，金榜题名时"；而"六素鸡腿"则可以译成Drumsticks Cooked with Six Vegetables；"三鲜汤"可以译成"Three Delicacies Soup"。

然而，碰到下面这种情况又当别论，如"二冬烧扁豆"。"二冬"分别指冬笋和冬菇，我们总不能译成 Cooked Haricot with Two Winters 吧。这里

---

① 冯庆华.翻译365[M].北京：人民教育出版社，2006.

## 第五章　英汉传统习俗翻译与跨文化传播

还是点明"二冬"的含义为佳，建议译为 Cooked Haricot with Winter Bamboo Shoots and Dried Mushrooms。又如，"双耳汤"应该译成 Soup of Jew's Ear and Tremella，如果直译成 Two Ears Soup 反而费解。

饮食文化中的虚指数字处理中华饮食博大精深、源远流长，于不经意间折射出来的文化精粹如散落于山间溪流的碎钻，闪耀着迷人的光华。中国文化恰似一张太极图，其精粹便在于虚实结合，而且往往虚的部分比实的部分更传神，因为它留给观众更多的想象空间。如菜名中的虚指数字，它并不意味着那个数字确切表示的数量，而是一个约数，或文化名词的一部分。

中国文化中经常用虚指数字，一般用三、五、八、九、十来表示多或程度高，如"三番五次""八辈子""九牛一毛""十全十美"。因此，"五香"并不一定指五种香味，"八宝"并不一定就是八种原料。翻译的时候可以采取灵活译法，不必拘泥于字面数字。"五香牛肉"可以译成 Spiced Beef，"八宝粥"可以译成 Mixed Congeel Porridge，"九转大肠"可以译成 Trouble taking Intestines。

如果数字为文化名词的一部分，则翻译时以传达文化含义为主，如鲁菜中的"一品锅"，闽菜中的"七星丸"等。据说秦始皇统一六国之后，生活日渐奢靡，对为他准备的食物经常挑三拣四，他的厨子们为此惶惶不可终日。一日他点名要吃鱼，厨子在准备的时候误把鱼肉切下来一块，无计可施，只好把鱼剁碎，和上各种调料，放入锅内。没想到秦始皇尝过之后龙颜大悦，拍案叫好。这道菜烧好之后汤清如镜，汤面上浮着的鱼丸如满天星斗，于是就用天上极具代表性的星座北斗七星来命名，因此这个汤就被称为"七星丸"而流传至今。因此，翻译时也用意译为好，可以译为 starry Night Fish-ball Soup。

下面来看我国常见的饮食词汇与翻译的实例。

| 汉语饮食词汇 | 英文译文 |
| --- | --- |
| 烤乳猪 | roast pig let suckling |
| 红烧鱼翅 | stewed shark fins |
| 鱼肚汤 | fish maw soup |
| 冬瓜炖燕窝 | stewed bird's nest with white gourd |

续表

| 汉语饮食词汇 | 英文译文 |
| --- | --- |
| 生猛海鲜 | fresh seafood |
| 海味 | seafood of all sorts |
| 市井美食 | home dishes/delicacies |
| 甜食点心 | dim sum |
| 云吞面 | yuntun noodles |
| 及第粥 | congee |
| 艇仔粥 | snake porridge |
| 炒田螺 | assorted snails |
| 炒河粉 | fried Shahe rice noodles |
| 煲仔饭 | pot rice |
| 生滚粥 | congee |
| 米粉 | rice noodles |
| 粉皮 | bean sheet jelly |
| 粉丝 | bean vermicelli |
| 猪肠粉 | zhuchang rice noodles; rice rolls |
| 春卷 | Spring rolls |
| 蛋卷 | egg rolls |
| 葱饼卷 | pancake rolls |
| 花卷 | steamed buns |
| 杂包 | spring wrappers |
| 粽子 | zongzi |
| 伏苓膏 | fulinggao jlly; Poria coccus jlly |
| 凉粉 | wild fruit jlly/grass jll |
| 烧饼 | scone |
| 米糕 | sponge rice cake |
| 莲蓉糕 | lotus bean paste |
| 钵仔糕 | pot cake |
| 萨其马 | Manchu candied fritter |

# 第五章 英汉传统习俗翻译与跨文化传播

续表

| 汉语饮食词汇 | 英文译文 |
| --- | --- |
| 香芋糕 | dasheen cake |
| 马蹄糕 | water chestnut jelly |
| 萝卜糕 | radish cake |
| 洋芋粑 | mashed-potato cake |
| 南瓜饼 | pumpkin cake |
| 红薯饼 | yam cake |
| 薯蓉鸡卷 | yam paste with chicken |
| 煲仔饭 | pot rice |
| 双皮奶 | shuangpi milk |
| 姜撞奶 | jiangzhuang (ginger) milk |
| 虾饺 | shrimp jaozi, |
| 东莞米粉 | Dongguan rice noodles |
| 虎门膏蟹 | Humen roe-crabs |
| 万江干豆腐 | Wanjiang dried tofu slices |
| 厚街腊肠 | Houjie smoked sausages |
| 满汉全席 | Full Set of Manchu & Han Dishes |
| 白云猪手 | Baiyun pig trotters |
| 蒜香糯米鸡 | chicken with smashed garlic & glutinous rice |
| （清远）鹅也煲 | goose a la Duchesse |
| 猪杂煲 | chopsuey a la Duchesse |
| 盐鸡 | salt-baked chicken |
| 椰子盅 | coconut dish |
| 什锦冷盘 | assorted cold dish |

# 第三节　英汉建筑翻译与跨文化传播

## 一、英汉建筑文化差异分析

### （一）价值取向对比

1.中国建筑推崇宫室本位

在中国古代社会，人们对大自然产生一种敬畏之情，这种精神尤其体现在畏天上。为了表示对大自然的敬畏，人们特别喜欢筑坛植树。后来，在这一传统思想的影响下，人们修建了很多寺庙、道观等，体现了中国宫殿建筑的一种精神。中国建筑的主流思想就是宫室本位，为了体现皇权的至高无上性，古代皇帝为百姓灌输奉天承运的顺从思想，天子享受着无上的尊严，对臣子具有生杀予夺的权力，并且对世界上的万事万物都要负责。

2.西方建筑推崇宗室本位

在西方社会中，由于人们的宗教观念深入人心，因而在建筑层面主要体现的是宗室本位的思想。教堂是神圣不可侵犯的，是人们精神的一种代表。西方社会中很多哥特式教堂体现出灵动、奔放的特点，利用空间推移、直接的线条以及色彩斑斓的光线，为人们营造了一种"非人间"的境界，让人产生一种神秘之感。

### （二）形态层次对比

1.中国讲究对称、注重秀丽

中国社会历来追求和谐的生态理念，这种理念在建筑上的体现就是对称之美。人们在建筑中往往使用中轴线的设计思路，从而让建筑体现出一种对称的恢弘之美。在中轴线旁边，人们会建造一些次要的建筑，形成一种对称的局面。就深层次而言，中国的这种建筑审美风格体现了中国的政治文化、君臣文化，是中国古代中庸、和谐、保守思想的一种体现。在一定的空间范围内，中国建筑会将某一个建筑作为中心，运用一定的对称思路向两边拓展，进而对这些建筑的功能进行定位，最终形成一种完整的建筑体系。

2.西方讲究追求形式、注重几何

在西方国家，建筑的精神主要体现为灵活多样，追求形式美方面。西方人注重建筑的外在美，建筑师喜欢使用几何图形，突出建筑的壮观与大气。虽然历史上不同阶段的建筑特色不同，但每个阶段都有每个阶段的特点。人们可以明确区分哥特式建筑与巴洛克式建筑。由此可知，西方建筑文化的特点是理性的，并且在一定程度上体现了数理文化的内容。

## 二、英汉建筑文化的翻译与传播

### （一）西方建筑文化的翻译

由于西方建筑文化中很多常用语在汉语中都有对应的表述，因此在对这些内容进行翻译时可采取直译法。例如：

anchorage block 锚锭块
bearing 承载力
cure 养护
masonry 砌体
pier 桥墩
reinforced concrete 钢筋混凝土
glass 玻璃
common brick 普通砖
cellar 地下室
corner 墙角

door 门
floor 楼层
pillar 柱/柱脚
tile 瓦
window 窗户
garden 花园
abutment 桥台
architecture 建筑
condole 吊顶
ear 吊钩
mortar 砂浆
refuge 安全岛
sandwich board 复合夹心板
clinkery brick 缸砖
facing brick 铺面砖
chimney 烟囱
curtain 窗帘
fireside 壁炉
log 圆木
grass 草地
wall 墙
woof 屋顶
stair 楼梯

## （二）中国建筑文化的翻译

### 1.砖是砖，瓦是瓦

许多人学英语，总认为英语单词是和汉语字词相对应的，而且是一一对应关系。比如，"天"就是 sky，"地"就是 earth，然而，并不是两种语言对事物的指称都像"天""地"这样完全吻合的。

## 第五章　英汉传统习俗翻译与跨文化传播

汉语"砖""瓦"有别，英语也相应地各有 bricks 和 tiles 两个词分别指砖、瓦。然而，事情并没有这么简单，也有英语中称作 tiles 而汉语却不称"瓦"而照样称"砖"的。比如，《汉英词典》告诉我们："瓷砖"是 ceramic tile 或 glazed tile，"琉璃瓦"是 glazed tile。"瓷砖"的英语确属 tiles 而不属 bricks；"琉璃瓦"之为 tiles 之属而非 bricks 之类，也是语言事实。至于 glazed tile 也的确兼指"瓷砖"或"琉璃瓦"。

由此可见，英语的 bricks 并不是对应汉语中的"砖"，bricks 一般指的是黏土块烘烧而成的"砖"，如 a house made of red bricks（红砖砌成的房子）；其他的"砖"，如"瓷砖""地砖""贴砖"等都属于 tile，如 tile floor（砖地）等。至于汉语的"瓦"基本上都是 tile，如 acoustical tile（隔音瓦），asbestic tile（石棉瓦）。tile 既是"瓦"，又是某些"砖"。

2.拙政园的笔墨官司

苏州园林是中国建筑史流光溢彩的一章，拥有不少闻名遐迩的古迹名胜。

其他名胜的英语译名多半没有什么纷争，唯有拙政园在当年美国的《生活》等杂志上还引起过一场不小的笔墨官司。拙政园乃明嘉靖御史王献臣所建，是我国古代造园艺术的杰作。20世纪80年代初期，拙政园的"明园"复制品曾送往美国纽约展览，在不少美国杂志上还刊登了"明园"的照片。围绕拙政园的英语译名，一位摄影记者对西方的译法提出了异议。

A correct translation of the photo's subject is "Ming-gate View of the Humble Politician's Garden" — very different from the Western sense from your caption's "unsuccessful politician".

问题原来出在"拙"上了。外国人当然不懂"拙"是谦词，"拙政"并没有真正的"政绩失败"的意思，所以 unsuccessful 显然是不正确的。在比较旧式的英文信件中，职工有对老板自称为 your humble servant 的，大概与汉语的"卑职"相当，用 humble 来对译"拙"还是说得过去的。

谦词在翻译中如何处理，没有定例。比如，汉语的"贱荆"和日语的"愚妻"非得翻译成 my humble wife 或者 my foolish wife 吗？这种译法可能会使英美人士莫名其妙吧，特别是他们发现此妻既尊且惠，毫无"下贱""愚蠢"之嫌。

3. 故宫建筑群翻译举隅

故宫林林总总的建筑物在英语当中如何表示呢？下面是中国传统建筑的英语表达法。

陵墓 mausoleum

亭/阁 pavilion

石窟 grotto

祭坛 altar

宫/殿 hall；palace

水榭 waterside pavilion

台 terrace

楼 tower；mansion

塔 pagoda；tower

廊 corridor

堂 hall

门 gate

故宫建筑群一些建筑的翻译如下。

乾清宫 Palace of Celestial Purity

坤宁宫 Palace of Terrestrial Tranquility

御花园 Imperial Garden

4. 西方人的"住房"词语

普通北美人居住的房子有两层住宅（detached house）、平房住宅（bungalow）、排屋（town house；row house）等。

两层住宅的内部结构如下。

一楼：门厅（the hall），客人进屋后的回旋之地，如脱下外套、放置雨具等。客厅（the parlor；the sitting room）为待客之用。饭前，客人和主人在此聊天。吃饭时，客人从客厅步入餐厅（the dinning room），围桌进食。厨房（the kitchen）总是紧靠餐厅，这样上菜方便。西方人不大起油锅，因此

## 第五章　英汉传统习俗翻译与跨文化传播

厨房非常干净。

二楼主要有卧室（the bedroom）和盥洗室（the toilet）。小孩一般也拥有自己的卧室，内部布置和摆设全由孩子决定。盥洗室一般有两间。上面的阁楼（the attic；the garret）不住人，存放杂物而已。地下室（the basement）不是存放蔬菜、杂物之地。地下室里一般有锅炉房（the furnace room）、洗衣房（the laundry room）、贮藏室（the sprinkler）、儿童游戏室（the play room）。锅炉用石油作燃料，水温自控。全家的衣服在洗衣房洗涤烘干，外国人很少晾晒。贮藏室里则备有电锯、斧子等工具。儿童游戏室里有大沙发、电视等。有些房东常常把地下室租给外国留学生，租金较为低廉。

车库（the garage）内除了停放汽车外，还存放大量汽车维修工具和备用器材。

5. "贵宾休息室"还是"贵宾厕所"

在许多著名旅游热点地区经常可以看到英文招牌和广告，这显然是为了方便那些会说英语的外国游客而设立的。但是不规范的表达法、错误的拼写、生编硬造的英文反而起了事与愿违的作用。2002年，北京开展了一个为期半年的活动，以纠正那些有错误或者误导的英文路标和招牌。①

在靠近天坛的一家餐馆里，菜单上的 crap 英文意思是"废话"，结果外国游客欣喜地发现，"废话"原来是一道美味的海鲜，其实是菜单上把 crab 错拼成了 crap。还有"软炸爪牙"或者是"软炸典当物"，结果发现是一道"软炸对虾"，原来把"对虾"的英语 prawn 错拼成了 pawn。

据北京旅游局的一位官员说，很多英文路标、广告、菜单和招牌是英文语法和中文语法的奇怪组合，经常让外国游客"丈二和尚摸不着头脑"。有的地方把"贵宾休息室"的英文直译成 VIP Rest Room。可是至少在美国，rest room 是厕所的意思。简直难以想象，尊贵的宾客坐在"厕所"里"休息"！虽然，美国人眼里的 rest room 不完全是我们普通中国人所认为的"厕

---

① 冯庆华.翻译365[M].北京：人民教育出版社，2006.

所"，因为 rest room 里有大镜子、梳妆台等，可供女士们梳妆打扮，但是 toilet 仍然是其重要的功能之一。

下面来看一些我国常见的建筑文化词汇及其翻译。

| 汉语建筑词汇用语 | 英文翻译 |
| --- | --- |
| 越秀镇海楼 | Zhenhai Tower（Five Story Tower appeasing the sea）on Mt. Yuexiu |
| 阁 | mansion |
| 塔 | pavilion |
| 亭 | kiosk |
| 牌楼 | pailou |
| 曲桥 | zigzag bridge |
| 水榭 | waterside pailion |
| 柳堤 | river bank（embankment/ causeway）lined with willow trees |

# 第六章 汉英翻译与中国文化传播的问题

著名学者季羡林先生曾经指出，文化交流是人类社会向前发展的动力。多元文化发展是世界文化发展的助推器。汉译英使中外文化的交流与衔接呈现了新鲜的活力和优势。在多元文化融合的基础上，中国文化需要不断保留自己的特点并开拓与其他文化的相处之道。然而，中国文化能否保持其自身的特点，关键就在于汉译英，即能否将汉语文化移植到目的语文化中。本章就来分析汉英翻译与中国文化传播的问题。

# 第一节 中国文化的精髓与传承

## 一、中华文化的精髓

中华文明是世界上唯一流传不息的古老文明。与其他古老帝国一样，中华帝国由原始部落不断地联合其他的一些部落，逐渐形成一个大规模帝国。从中华文明的发展史可以看出，虽然中华民族受到了外族的入侵，但是入侵者往往迅速被融合或者被同化，这就彰显了中华文化的博大精深。

中华民族是一个古老的民族，有着深厚的文化底蕴，在这五千年的历史中，中华民族生生不息、绵延起伏，是当今世界上唯一一个没有中断的文化。正是因为这一点，中华文明是中华民族的骄傲。对其他古代文明进行研究的时候，现代人已经读不懂他们祖先的文字，因此很难了解他们祖先的文明。但是，中华民族仍旧能够读懂几千年前的文字，在不断发达的社会中，将中华文化流传至今。当然，汉字就是长久以来流传下来的，是唯一现存的一种表意文字，因此在研究中，中华文化有着极其重要的地位。中华文化是中华民族不断进步的动力，其中蕴含着很多优秀的传统。

### （一）汉字

汉字是世界文化之林的一道风景，文字是人们进入文明社会的一种标志。汉字是中华文化的书写工具，是中华文明的传承，发挥着巨大的意义和作用。在今天，汉字文化被中华民族广为应用，彰显的是中华文明。

汉字文化的影响力不容低估。这一文化覆盖区域包括汉字文化的发祥地中国及与古代中国有朝贡关系的地域。汉字文化的覆盖地域称为汉字文化圈。汉字文化圈中的越南和朝鲜半岛的朝鲜民主主义人民共和国已经完全废止汉字的官方使用，大韩民国仍保留使用部分汉字。但是，各国的古文仍然

# 第六章　汉英翻译与中国文化传播的问题

完全用汉字标记。

文字是一个民族、一个国家历史的痕迹，中国文字的演变是跳跃式的，是华丽的，是耐人寻味的，就如同中国的历史一样。中国人创造中国文字，中国文字也同样引导着中国人前进。

## （二）史书典籍

史书典籍彰显的是中华文明，其规模非常宏大，是世界上绝无仅有的。

正史：以纪传体、编年体为体例，记载帝王政绩、王朝历史、人物传记和经济、军事、文化、地理等诸方面情况的史书叫正史。

别史：主要指编年体、纪传体之外，杂记历代或一代史实的史书。

杂史：只记载一事之始末、一时之见闻或一家之私记，是带有掌故性的史书。

野史：有别于官撰正史的民间编写的史书。

稗史：通常指记载闾巷风俗、民间琐事及旧闻之类的史籍。

## （三）经书

1.《易经》

《易经》是我国最古老而深邃的经典，是华夏五千年智慧与文化的结晶，被誉为"群经之首，大道之源"。《易经》既是中华文化的根基，也是中国哲学的源头。

2.《道德经》

《道德经》是中国历史上首部完整的哲学著作，也是道家哲学思想的重要来源。老子的哲学思想和由他创立的道家学派，不但对我国古代思想文化的发展做出了重要贡献，而且对我国两千多年来思想文化的发展产生了深远的影响。

## （四）中古诗词

中国古典诗词是中国古代文学艺术的精髓，是中国文化长河里的瑰宝。中国是诗词王国。中国的诗词历史悠久，源远流长，从诗经、楚辞、汉乐府，到唐诗、宋词以及元人小令，已有近3000年的历史。3000年来，中国诗词以其丰富的内涵、清丽的神韵、优美的语言和铿锵的音调，影响着一代又一代人。

人的情感借由诗词得到了淋漓尽致的抒发。吊古怀今、社会风貌、自然山水、伤情别离、朝堂政治，皆成了诗词描摹的对象。诗词的魅力在于任凭时光流逝、岁月更迭，浓厚的诗情依旧在人的精神中熠熠生辉。古典诗词的美超越了时空的限制。哪怕身在今天的我们，时隔千年，去温读这些精练优美的诗词，依旧能深切感受到古人抒发的感情，勾起每个人心里的无限诗意。诗词被称作中国古代最优美的文字是当之无愧的，它以最精练的文字、最抒情的文字直达人心底，时而婉约到极处，时而又豪放到极处，细细品味间，让人沉醉心迷。

## （五）中医

中医是中国的传统医学，中医一般是指中国以汉族劳动人民创造的传统医学为主的医学，所以中医也称为汉医。中医的理论基础和源泉就是《黄帝内经》。

## （六）汉服

汉服是中国汉族的传统民族服饰，又称为汉装、华服。其由来可追溯到三皇五帝时期一直到明代，连绵几千年，华夏人民（汉族）一直不改服饰的基本特征，这一时期汉民族所穿的服装被称为汉服。

## 第六章　汉英翻译与中国文化传播的问题

### （七）丝绸

中国是世界上最早发明丝绸（养蚕缫丝织绸）的国家，而做出发明丝绸（养蚕缫丝织绸）这一伟大贡献的发明家，就是我们中华民族的伟大始祖轩辕黄帝的妻子嫘祖。嫘祖"养天虫以吐经纶，始衣裳而福万民"，开启了享誉中外的丝绸文明，泽被天下。

### （八）茶

茶是世界三大饮料之一。中国是茶的发源地。新兴的茶文化节如雨后春笋，久违了的传统民间茶歌、茶舞焕发新貌、重放异彩，作为茶文化发展的当代标志，它刷新着茶叶创下的物质和精神的双赢纪录，刷新着中国茶的辉煌纪录。

### （九）瓷器

中国是瓷器的故乡，举世闻名的中国瓷器，是中华民族的伟大创造和发明，瓷器是中国古代文明的象征，也是中华民族的文化瑰宝。中国发明的瓷器，是中华民族对世界文明做出的伟大贡献。中国所制造的精美瓷器，为全世界人民所喜爱。中国是瓷器的发源地，被誉为"瓷器之国"。中国的瓷器制造技术传到世界各国，对中外文化交流做出了重要的贡献，博得了"世界瓷国"的光荣称号。

### （十）武术

武术是我国一项传统的体育运动，古称技击、武艺，近代以来又称国术，海外将武术叫作"中国功夫"。它以踢、打、摔、拿、跌、击、劈、刺等攻防格斗技法，按照攻守进退、动静疾徐、刚柔虚实等运动的技击规律，组成徒手和器械的各种套路和功力练习形式，兼顾引人入胜的优美形态，既具技击特点，又有艺术色彩，可用来锻炼身心、防御自卫。

## （十一）中国建筑

中国建筑为世界建筑史上的一大分支，依地区来区分，大致包含中国、日、韩、中南半岛，被称为东方系，西方系则以欧美称之。中国有着悠久的园林历史。

## （十二）中国结、剪纸，刺绣

中国结所显示的情致与智慧正是中华古老文明中的一个侧面，是由旧石器时代的缝衣打结，推展至汉朝的礼仪记事，再演变成今日的装饰手艺。

剪纸是中国民间传统的手工艺术，在我国流传已有1500多年的历史。剪纸是一种非常普及的民间艺术，千百年来深受人们的喜爱，是我国的艺术瑰宝。剪纸艺术这一中国民间艺术瑰宝，至今仍然绽放着绚丽的光芒。

刺绣是在织物上绣制的各种装饰图案的总称。刺绣是中国民间传统手工艺术，在中国至少有两三千年的历史。中国的刺绣工艺在秦汉时期便已达到很高水平，是历史上"丝绸之路"运输的重要商品之一。

## （十三）戏曲

戏曲艺术是我国艺术宝库中的瑰宝，是我国所独有的戏剧形式，它拥有丰富的内涵和雄厚的传统。戏曲艺术是我国各族人民和众多前辈艺人通过生产实践、社会斗争，用集体智慧创造出来的，并在长期的流传过程中得到不断的提高和发展。戏曲艺术源于古代的乐舞、俳优和百戏，经过漫长的孕育过程，到唐宋时才逐渐形成。由于它是多种表演技艺在历史发展中，经过相互吸收，逐渐趋向综合的结果，所以它不同于歌剧、舞剧或话剧。戏曲艺术是歌、舞、剧三者有机结合的艺术统一体，以唱、做、念、舞（包括武术和杂技）作为它的表现手段；用精练而夸张的艺术手法来塑造人物，阐述故事、烘托主题。

## 二、中国文化的传承

人们自己创造自己的历史,但是他们并不是随心所欲地创造,并不是在他们自己选定的条件下创造,而是在直接碰到的、既定的、从过去承继下来的条件下创造的。中国特色社会主义文化建设也要建立在传统文化的基础上。我国要全面建成小康社会,实现中华民族伟大复兴,必须推动社会主义文化大发展、大繁荣,必须建设优秀传统文化传承体系,弘扬中华优秀传统文化。

### (一)在理解中扬弃

中华传统文化绵延五千年之久,虽然拥有许多令全世界认同的文化精华,但也有连我们自己都不认同的文化糟粕,我们要实事求是地正确理解中国传统文化。我们要立足于中国的具体发展阶段和具体国情,经过科学的分析、判断和总结,正确理解传统文化的精华与糟粕。

我们要批判性地继承中国传统文化。批判并不代表全面否定,继承也不代表全面复古。传承传统文化是一个批判性的扬弃过程,要取其精华和弃其糟粕。在对待传统文化的问题上,如果批判多于继承,否定多于肯定,就会导致一些人对自己民族传统文化的无知,缺少自尊与自信。我们要在尊重历史中对传统文化的发展历程有充分的了解,在正视现实中对传统文化的未来走向有清醒的认识。

### (二)在保护中传承

保护好传统文化才能更好地传承其中的优秀文化。对于作为民族之魂的传统文化,要有一份温情与敬意,保护好民族的传统文化是保护好民族自信心的必要前提,是保护好民族文化主权意识的重要条件。习近平总书记强调要继承和弘扬中华优秀传统文化,弘扬中华传统美德,弘扬时代新风,振奋中华民族精神。传统文化的传承前景取决于它对中国人民生存发展的意义如何。

那些还能够继续反映中国社会的发展要求、继续为中国人民的生存发展提供最大资源利益的文化就是优秀的传统文化。我们要通过国家政策、法律、资金投入等措施加大对优秀传统文化的多维度保护。

### （三）在交流中创新

一个国家、一个民族的强盛，总是以文化兴盛为支撑，中华民族伟大复兴需要以中华文化发展繁荣为条件。文化创新是文化繁荣的不竭动力，是社会主义文化强国建设的关键所在。中华民族的优秀传统文化曾经以丰富的内涵和独特的魅力在世界上傲居一方，成为东方文化的典型代表。中华民族创造了源远流长的中华文化，中华民族也一定能够创造出中华文化新的辉煌。

文化交流是文化得以进步和发展的动力。在世界文化发展史上，各个国家和民族的文化在相互交流中碰撞、在相互冲突中融合，也在相互学习和相互借鉴中得到创新。

### （四）在教育中提升

传承中华优秀传统文化需要对全民族加强传统文化教育。在教育中提升国民的思想道德素质和科学文化素质，使中国人民在中国特色社会主义文化建设的过程中始终保持昂扬的精神状态，成为中国文化软实力最具活力的忠实代表。弘扬中华优秀传统文化需要建设优秀传统文化的传承体系，运用多种宣传教育方式面向大众宣传和弘扬优秀传统文化。

# 第二节 汉译英中的文化空缺现象

## 一、文化空缺现象

所谓文化空缺，是指在一个民族的文化传统和现实生活中所存在的思想观念、规制礼仪和言语行为等在另一文化环境中出现的缺省现象。

人们解读文化信息往往是通过激活他们已有的认知而产生联想、推断的途径来实现的。人们对事物和现象的解读往往是凭借自身已有的文化认知（包括语言）水平来实现的，缺乏对某事物的认知，就会影响他的理解。在不同民族间完成跨文化、跨语言交际，文化认知起着十分重要的作用。文化的缺位往往会产生不解、曲解或者误解的现象。

## 二、文化缺位词语及其翻译

文化缺位词语是指源语中所存在的表示某种文化事物、现象或者行为的词语在目的语中缺乏相同或者类似的文化内涵意义词语的情况。

不同语言间存在大量的词语文化内涵不对应的现象。

### （一）完全缺位文化词的翻译

完全缺位文化词是指一种语言中存在而在另一种语言里处于完全缺位状态的文化词。这类文化词的翻译要看具体情况进行处理。对于物质名称和部分行为名称类的文化词，如人名、地名和特有事物的名称等，笔者认为采用音译即可。例如：

汉语词汇：

麻将 mah-jong

胡同 hutong

饺子 jiaozi

炕 kang

秀才 xiucai

荔枝 litchi

二胡 erhu

英语词汇：

cigar 雪茄

sauna 桑拿

ballet 芭蕾

## （二）部分缺位文化词的翻译

　　部分缺位文化词是指在两种语言中都存在相同或者类似的表达，但是其文化内涵存在一定的差异性。例如，汉语中，由于受传统宗族制度的影响，形成了以父系称谓为主干，以母系称谓和妻系称谓为补充的"别血统、分内外，讲排行、辨长幼，明尊卑、重秩序"的庞大而复杂的亲属称谓系统。而在英语中，由于没有宗族制度的影响，其亲属称谓体系比较简单，上下只囊括到五代，而且没有内外、排行、长幼之分，形成了以姓名称谓为主干，以位次称谓为补充的简单而直接的称谓体系。例如，在 *The Family Album USA* 中，儿媳 Marilyn 直接以名字来称呼她的公公 Philip 和婆婆 EHen。

## 三、文化缺位导致的翻译失误

　　因为文化缺位的存在，很容易出现翻译失误。当原文文本在单词上有错误，而翻译的目的是完全保留原文文本并按字面意义进行翻译时，翻译人员

# 第六章　汉英翻译与中国文化传播的问题

虽翻译错误却不进行更正，就容易导致翻译失误。但是，当原文文本是科学或技术论文时，翻译人员应纠正在这种情况下发现的错误。其中，诺德说：文化性翻译失误是由于在复制或改写特定文化习俗方面没有做出适当的翻译决定而造成的。

下面针对文化性翻译失误来具体分析。

## （一）语言维度

### 1.拼写错误

（1）英文单词拼写错误

单词拼写错误主要因译员工作不细致或是印刷制作人员产生的纰漏，往往最能体现译者翻译水平。例如，"象山"翻译为 elenphant hill，"节约用纸"翻译为 use less papre。

（2）不符合英文构词法规范

一些英译文本显然不符合英语的构词法规范。如"灰冠鹤"译为 Grey Crown-Crane。陆国强的《现代英语词汇学》的复合词构词法相关章节中有载，连接形容词和带-ed 词缀变成形容词的名词，构成形容词性前置复合修饰语。例如，a well-educated woman 译为一位教养很好的女士。并且，《连字符"-"后首字母的大小写》中提到，"实词—实词"——前后首字母均用大写，即连字符前后均为实词时，两个词的首字母均大写。例如，Initial-Boundary Value Problem。因此，正确译法应是 Grey-Crowned Crane。

### 2.语法错误

语法错误作为翻译中易犯的第二大错误，主要源自译者语法不过关或直接使用机器翻译而结果不加修改。例如，"离岛请往此方向"译为 please toward this direction to leave the island，此处 toward 的用法有待商榷，可以改译为 please leave the island this way。

3.标点符号误用

例如：

为了您的安全，如有高血压、心脏病、哮喘病，饮酒后，老龄人和身感不适的人群不宜登山。

For your safety, the people with hypertension heart disease. asthma, and the old people as well as the drunken persons can't climb the mountain.

当中存在多处标点符号使用错误，如并列名词中间逗号缺失、逗号后不空格、逗句号混用等。另一种标点符号误用问题则是在翻译过程中忽视了符号的转化。如"【爱情岛】"译为【Love Island】，字面翻译无疑义，但"中文中的某些标点符号是英语中没有的"，英文中括号包括"( ), [ ], { }"。因此，此处译文可以处理为 Love Island 或[Love Island]。

## （二）文化维度

翻译人员并非单纯的文字转换工具。特别是在翻译信息型英语时，译者要尤其注意文字背后的文化转换，要使译文读者在阅读译文时大体获得与原文读者相同的感受。

1.语气的转变

有别于口语，书面语语气更多强调字里行间的感情色彩，能表达作者的态度，也能影响读者的理解。比如，"爱护绿草请勿践踏"译为 keep off the grass，译文确是英语国家对"请勿践踏草坪"的普遍译法，但中文除去传达"请勿践踏草坪"的指令之外，还蕴含了对人们保护环境的告诫，这一点在英文译文中毫无体现。因此，不如改译为 color our city green with well-attended grass，译文中蕴含的温情与原文基本达成一致。

2.刻板译文

一些译文只做到了单纯的字句对应。例如，"保护环境从我做起"译为 PROTECTING THE ENVIRONMENT STARTS FROM ME 就属于死板直译。建议跳出原文的句式圈圄，改译为 Everyone Should Protect the Environment，言

# 第六章　汉英翻译与中国文化传播的问题

简意赅地表达了原文的呼吁目的。

3.专有名词、俗语的翻译失误

（1）专有名称翻译失误

靖江王府共有11代14位靖江王在此居住过，历时280年之久，系明代藩王中历史最长及目前全中国保存最完整的明代藩王府。

There were 14 Jingjiang Prince of 11 generations lived here for over 280 years. It is the best preserved imperial palace of Ming dynasty in China.

在这句话中，译员将"藩王府"翻译成 imperial palace。但事实是，即使有人不是皇帝的亲戚，当他在战场上做出了巨大贡献并赢得战争胜利时，他也将被授予"藩王"的头衔和居住的王府。"藩王"并不总是翻译成 prince。译者可以将其翻译为 seignior，这是指封建领主的意思，他们通过封建分配获得其土地。

（2）俗语翻译失误

被誉为"漓江明珠""漓江零距离景区"和"桂林山水甲天下，山水兼奇唯冠岩"。

Being zero distant to Lijiang River, it is famed as the Pearl on Lijiang River and there is even a poem attributed to it, which goes "While Guilin scenery tops the world, the Crown Cave area tops Guilin with its unparalleled beauty in both its hills and waters".

在此翻译中，译员翻译了原文文本中存在的俗语，目的是赞美皇冠洞风景区的美丽。但是，这种翻译是否适当以及如何改进它仍然值得商讨。由于俗语应该使读者朗朗上口和记住，因此需要考虑用对仗和押韵来加以改进。在此翻译中，前半部分的单词数几乎是后半部分数量的三分之一，不符合押韵的要求。因此，这种翻译可以翻译如下：east or west, Guilin landscape is best; mountain and river, the Crown Cave Scenic Area is wonderful.

## （三）交际维度

翻译应该以读者为中心，重视译文所产生的社会影响，通过传达准确、真实的信息来重现原文要旨，尽力为译文读者创造出与源语读者所获得的尽可能接近的效果。例如，在旅游文体翻译中，有些景区官方与游客存在天然的信息不对等，因此需要通过旅游英语公示语，二者对于景区了解的差异便能弥合。

1.用词不当

例如：

奉献一份爱心点燃一片希望。

DEDICATE A LOVE TO LIGHT A HOPE.

显然，dedicate 虽然有"奉献"的含义，但它与 love 并不匹配，因此用在此处是不合适的，可以改译为：

Devote Your Love to Light up the Hope.

又如：

关注一个成长的心灵，播种一个灿烂的明天。

Pay close attention to a growing mind and plant a brilliant tomorrow.

译文中的 pay close attention to 虽然有"关注"的含义，但原文中的"关注"应该理解为"关爱"，而非 pay attention to 所强调的"集中注意力"；plant 也不能对应 tomorrow。因此，原文可尝试改译为：

Take good care of a growing mind to create a bright future.

2.重点不明确

例如：

抗旱护林防火喷淋时段路滑积水，请注意避让。

It is easy to accumulate water in the spraving water of drought resistance and fire prevention, please avoid the time and place.

原文想要传达的含义是"请游客注意避让积水，积水是在抗旱护林防火喷淋中形成的"，重点在呼吁游客避让积水上，但译文把表意重心放在了积水是如何形成之上，喧宾夺主的同时也让原本清晰易懂的语言变得晦涩难懂。因此，可以改译为：

Please avoid the water accumulated by water spraying for drought resistance

# 第六章　汉英翻译与中国文化传播的问题

and fire prevention.

### 3.译与不译

在翻译工作开始前，译者应该先思考一个问题：这句话有必要翻译吗？景区译文的主要读者应该是外国游客。因此，从文本内容来看，一些明确针对本国游客的条款实际上并没有翻译的必要。比如：

桂林市市民（含12个县）凭本人居民身份证入园。

Citizens and students of Guilin（including 12 counties）can enter the garden with ID card and Student Card.

原文的主语明确指向桂林市市民，这一条款不必向广大外国游客公告，因此不用翻译。

### 4.冗余

有些英语语汇简洁，措辞精确，只要不影响准确体现特定的功能、意义，仅使用实词、关键词、核心词汇，而冠词、代词、助动词等就都可以省略。例如：

温馨提示 kindly reminder

其中的 kindly 就没有承载有效信息，属于冗余。参考西方对于"温馨提示"翻译的平行文本，可将译文简化为 reminder。

### 5.一名多译

影响交际功能的还有在翻译中普遍存在的一词多译。这可能是翻译完善过程中由于分批翻译、译者更迭等造成的遗留问题。例如，"无障碍通道"被分别翻译为 No Disturbance Way，Barrier-free Path 和 Accessible Way，虽然三个译文都没有明显错误，但同时用以指示"无障碍通道"便会让人心生疑问。因此，上文可以考虑统一改译为 Accesible Pathway。

# 第三节　汉译英中的文化空缺处理对策

## 一、归化

所谓归化，就是译者从译入语读者的立场出发将源语中的异国情调译成读者喜闻乐见的本国风味，或体现在表达方式上，或体现在文化色彩上。这是一种"读者向的"（reader-oriented）或"目标语文化向的"（target language oriented）翻译。其特点就是译文生动流畅，语言地道自然，意义清楚明白，读者易读易懂。

这种策略常用于中国传统翻译，特别是文学翻译。林纾一生翻译了大量的外国文学作品，基本上都采用归化翻译。英国翻译家、汉学家大卫·霍克斯在翻译中国文学名著《红楼梦》时，也采用归化翻译。例如，书名《红楼梦》他译成 The Story of the Stone，其中有关文化冲突或文化空缺的语词都采取了归化翻译。例如：

这几年，在杭州的钱塘江边，高楼大厦如雨后春笋般涌现。

During this couple of years, high buildings and large mansions have sprung up like mushrooms along the Qiantang River, in Hangzhou.

原文是"雨后春笋般涌现"，译文归化为"蘑菇般涌现"，更贴近英语国家人的生活，更符合英语的表达习惯。

## 二、异化

所谓异化，就是译者为传达原作的原汁原味，在翻译中尽量保留原作的表达方式以便让译入语读者感受到"异国情调"，就是所谓的洋气。这是一种"作者向的"（author-oriented）或"源语文化向的"（source language

## 第六章　汉英翻译与中国文化传播的问题

oriented）翻译，即译者将译入语的读者引入作者及其文本。异化主要体现在词语的空缺和句法表达的"方便"这两个方面。中国因为其经济实力的日益增强和文化形象的不断提升，所以汉语中的不少词语便直接进入英语和被借入英语，成为世界英语中的又一新的变体——中国英语。

中国英语的形成其实经历了一个汉译英逐步异化积累的演变过程。起先是"洋泾浜英语"（pidgin English），它多用于洋场，进行商贸交易，是一种中英夹杂的英语。后来，中国人开始学习和使用英语，由于母语的迁移作用，在英语的表达上照搬一些汉语的词语样式和汉语的句子结构，这便有了"中式英语"。

这两种英语都不被标准英语接受。现在，翻译的"文化转向"对译者和读者的翻译观进行了一次洗礼，翻译要在平等互利的原则下进行文化传播和沟通，所以"中国英语"便应运而生。中国英语是洋泾浜英语和中式英语的渐进、积累、演变的结果。它已为标准英语所接受，成为世界英语中的一员。可以预料，中国英语会随着大国地位的不断增强以及中国这种语言使用，由今天的一种行为英语发展成为一种机制英语。[①]

汉译英的异化主要体现在文化词语的翻译上。《牛津英语词典》中以汉语为来源的英语词汇有一千余条。例如：

长衫 cheongsam

旗袍 qipao

孔夫子 Confucius

风水 fengshui

易经 I Ching

磕头 kowtow

功夫 kungfu

麻将 mahjong

太极拳 tai-chi

阴阳 Yin & Yang

---

[①] 王述文.综合汉英翻译教程[M].北京：国防工业出版社，2010.

衙门 yamen

喇嘛 lama

茅台酒 maotai

算盘 suanpan

馄饨 wonton

炒面 chowmein

炒饭 chao-fan

杂碎、杂烩 chop suey

小康 xiaokang

普通话 putonghua

此类带有鲜明的中国文化特色的词汇一般都采取音译的方法，占汉语进入英语所有词汇比例最大。[①]

也有采取意译的方法来译的。例如：

四书 Four Books

五经 Five Classics

龙舟 dragon boat

走狗 running dog

洗脑 brainwashing

百花齐放 hundred flowers

纸老虎 paper tiger

改革开放 opening up and reformation

还有些采取音译和意译相结合的方法。例如：

北京烤鸭 Peking duck

"嫦娥"一号 Chang'e No. 1

中国航天员 taikonaut

taikonaut 这个绝妙的 China English 词语，它的诞生在一定程度上象征着中华民族的伟大复兴。数百年来汉语只有生活、宗教、饮食等词汇进入英

---

① 王述文.综合汉英翻译教程[M].北京：国防工业出版社，2010.

语，现在 taikonaut 以汉语的构词方式译成英语，作为一个科技词语堂堂正正地进入英语词汇，表明中国科技发展的日新月异，中华民族已真正崛起于世界民族之林。学者们认为，"中文借用词"在英语里的骤增从一个侧面反映了中国文化与世界的沟通渠道正日趋宽阔，而文化所代表的软实力正日趋增强。除文化词语的异化翻译外，还有些句法表达在汉译英中也套用了汉语的表达方式，显得更为简洁便利。例如：

好久不见。

Long time no see.

不能行，不能做。

No can do.

加油！

Jiayou!

丢面子/保面子

lose face/save one's face

有些汉语成语或谚语运用了生动比喻修辞手段，在译成英语时也保留汉语中比喻形象，使译文显得原汁原味。例如：

你这是在班门弄斧。

You're showing off your proficiency with an axe before Lu Ban the master carpenter.

"班门弄斧"这一成语直译成 showing off your proficiency with an axe before Lu Ban the master carpenter，既简明生动又忠实贴切，兼顾了意义的传达和文化交流。

俗话说"一寸光阴一寸金"，我们一定要抓紧时间，刻苦学习。

An old saying goes "An inch of time is an inch of gold". We should grasp every second in our study.

"一寸光阴一寸金"译成"An inch of time is an inch of gold."体现了中国人的时间观。

总之，译文要充分体现原作的"原貌"，异化翻译应为翻译之首选。但采取异化的译法，如果完全不考虑译入语的特点，甚至违反译入语的表达方式，译文就会令人怪异。例如：

他老婆水性杨花，让他戴了绿帽子。

His wife has a nature of water and flying flower, and let him wear a green cap.

从译文的表层结构来看,与原文的词句是对应的,采用异化方式保留了原文的比喻形象,但从深层意义来看,译文显得怪异。a nature of water and flying flower 究竟是什么样的性格？怎么 let him wear a green cap？完全没有逻辑性。由于译文采用原文的形象,英语读者不能产生与中国读者同样的意义感受,反而感到莫名其妙,不知所云。这种语用差异只好采用归化翻译来处理。可以译为：

His wife is a woman of loose morals, and he becomes a cuckold.

总之,归化和异化是两种不同翻译策略,是由译者的不同翻译目的所决定的。一般说来,它们并无优劣之分。只要用得得当,就可以获得译者所期望的结果。同一作品,大到整个文本,小到单个词句,采用异化或是采用归化应该依势而定。比如,上述已经提到的中国古典名著《红楼梦》的翻译,现有两个英译本,一个由中国翻译家杨宪益与其夫人戴乃迭所译,他们的目的就是让世界了解中国文化,接受中国文化,所以采用的是异化策略,将书名《红楼梦》直译成了 A Dream of Red Mansions. 整个文本尽量保留中国文化的原汁原味。另一个译本由英国汉学家、翻译家霍克斯和他女婿闵福德（John Minford）所译。他们的目的是让英语读者了解作品故事情节,好读好懂,所以采用了归化策略,将《红楼梦》译成 The Story of the Stone. 这个译名舍弃了原文中可能引起英语读者误解的"红"的直译,将书名归化成《石头记》,符合英语读者的审美期待。文本中凡涉及文化冲突和文化缺项的话语,霍克斯都采用归化策略,将它们意译或变译成英语文化能理解和接受的东西。当然这种做法是否完全可取,则另当别论。但霍氏的译本在英语读者那里同样受到欢迎,他的翻译同样为传播中国文学做出了贡献。

众所周知,翻译实践的顺利开展离不开文化因素,因为文化对语言的演变具有重大的影响。从一定程度上而言,语言自身或多或少都带有文化的影子。因而,英汉翻译实践的进行需要充分考虑文化因素。在跨文化交际过程中,文化的影响是显而易见的。

# 第七章　中国经典文学翻译与跨文化传播

　　文学翻译是翻译的一个重要类别，它不仅要考虑不同语言间的转换，更需要在此之上使用较为具体、灵活的文学翻译策略。在中国经典文学的翻译中，不同的体裁形式所运用的语言独具特色，具有美学功能，并与艺术活动所蕴含的形象思维有着密切联系。因此，不同的文学体裁应采用不同的翻译策略。这就对译者提出了更高的要求。译者不仅需要具备深厚的语言功底，还需要拥有丰厚的文学修养，即能够在对原作理解与表达的过程中，最大限度地传达出原作的艺术风格。本章就来分析和探究中国经典文学的翻译与跨文化传播问题。

# 第一节 古诗词翻译与跨文化传播

## 一、中国古诗词研究

### （一）诗歌的分类

诗歌的品种很多，通常是从内容和形式两方面来划分诗歌的。按内容的表达方式，可将诗歌分为抒情诗和叙事诗；按表现形式，可将诗歌分为格律诗、自由体诗等。

1.抒情诗

抒情诗是以抒发诗人的主观情感为主要特征的诗体。它通过表现作者对客观事物的独特感受和体验，来展示自己的内心世界，抒发自身炽热的感情。因此，抒情诗往往具有自我突出、个性鲜明、感情浓郁的特点。在抒情诗中，诗人或直抒胸臆、言志述怀，或触情于景、托物言志，但都是以抒情为主旨，作者的情感和个性色彩表现得特别强烈。它没有完整的故事情节，除抒情主人公外，没有其他人的形象，即使有也只是选取一鳞半爪作为抒情的凭借。它的结构也是由作者抒发的感情联结而成。总之，抒情类的诗主要是主观的、内在的诗，是诗人自己的表现。当然，优秀的抒情诗中所表现的自我感情，绝不是狭隘孤独的一己私情，它应该和时代的脉搏相呼应，和人民的感情相融通。只有这样的作品，才能与读者达到思想交流和感情上的共鸣。

2.叙事诗

叙事诗是以抒情笔调来写人叙事的诗体。它的主要特点是借写人叙事来抒发诗人的情感，将叙事与抒情结合为一体。它与抒情诗的不同是它一般都有一定的故事情节和具体的人物描写，诗人把自己的主观感情和对生活的评价融化在他所描绘的形象中，诗人的个性表现较之抒情诗来得间接些。它虽然是叙事的，但在人物的刻画、环境的描绘、故事的进展等方面受到限制，不能铺陈开来进行细致的刻画和详尽的描绘。它与小说、戏剧等叙事文学相比，显得故事单纯、情节简明、人物较少，写人往往是粗线条的勾勒，叙事则是高度的概括，情节的发展有较大的跳跃性。而且，它所有的叙述都是以抒情的语言、抒情的笔调来展开，篇章中还往往插入感情浓烈、直抒胸臆的诗句，以加重抒情成分，为全诗营造出一种诗的氛围。

3.格律诗

格律诗是在语言形式上有严格要求的诗体。它节奏规范、音步固定，讲究平仄、押韵、对仗，字数、句数、章节结构均有统一规定。

4.自由体诗

自由体诗是一种不受格律约束，在形式上比较自由灵便的诗体。这种诗在组织结构上篇无定节、节无定行、行无定字。它的节奏也不是主要表现在音步的整齐和协调上，而是依诗人内在感情波动起伏的规律来安排。它也不甚借助外形的韵律，而求其内在的韵律。总之，它一切以适合感情的表现为准则，尽可能做到凝练而富于诗味、诗美。

## （二）中国古诗词的风格

1.田园山水诗的风格

人与自然的关系反映到审美观照与欣赏的活动中，是以两种向度和两种心态的形式体现出来的，这就是自然的人化和人的自然化。自然的人化实质上是人对自然的一种意念化和定格化，即审美主体在欣赏自然美时带有主观选择性，自然美能否成为现实的审美对象，取决于它是否符合审美主体的道德观念。因此，在对自然进行解释时，就往往带有主观规范性。这种审美向度的源头可以追溯到孔子那里。对大自然的观照在中国古代诗人的审美心理上是有过一段路程的。先秦时期的诸子百家注重于品德修养，而忽略了对大自然本身美的欣赏。这时期的理论家以孔子和庄子为代表，他们虽在审美对象上有选择差异，但通过对自然山水的观照以达到"道"的升华的目的却是相同的。

在这种理论的影响下，中国最早的诗歌《诗经》并没有出现纯粹的山水诗。孔子所提倡的学《诗》可以"兴观群怨""迩之事父，远之事君""多识草木虫鱼之名"，也是看重《诗经》的教化和增长知识的作用。《诗经》中有一些对山水的描写。例如：

蒹葭苍苍，白露为霜。所谓伊人，在水一方。

（《蒹葭》）

关关雎鸠，在河之洲。窈窕淑女，君子好逑。

（《关雎》）

伐木丁丁，鸟鸣嘤嘤。出自幽谷，迁于乔木。

（《伐木》）

这样的描写只是把山水当作劳动和生活的背景，或者把山水当作比兴的媒介，并不具备独立的审美价值。

《楚辞》中对山水的描写就开始丰富起来，出现了许多美丽动人的画面。例如：

表独立兮山之上，云容容兮而在下。
杳冥冥兮羌昼晦，东风飘兮神灵雨
……
雷填填兮雨冥冥，猿啾啾兮狖夜鸣。
风飒飒兮木萧萧，思公子兮徒离忧。

（《山鬼》）

这显然比《诗经》前进了一步，但山水依然处于从属的地位，是作为《楚辞》作家发泄心中的苦闷和寄托美好理想的附属品，山水仍然没有从人的道德观念的束缚中独立出来。

# 第七章　中国经典文学翻译与跨文化传播

2.边塞诗的风格

以边塞为题材的诗在唐代极为流行，盛唐时蔚为壮观，具有豪爽俊丽而风骨凛然的共同风貌，创造出了清刚劲健之美。唐代边塞诗的历史源头可以追溯到《诗经》那里，下面这篇《秦风·无衣》就颇有此类诗的风味：

岂曰无衣？与子同袍。王于兴师，修我戈矛，与子同仇！
岂曰无衣？与子同泽。王于兴师，修我矛戟，与子偕作！
岂曰无衣？与子同裳。王于兴师，修我甲兵，与子偕行！

这首诗作于秦文公时，表达了秦国官兵同甘共苦、同仇敌忾的气概，互勉互励，要对西戎进行战斗。诗中气势豪迈，催人奋发。

《楚辞》中也有抗敌卫国的歌曲，即直接描写战争的场面，如《国殇》：

操吴戈兮被犀甲，车错毂兮短兵接。
旌蔽日兮敌若云，矢交坠兮士争先。
凌余阵兮躐余行，左骖殪兮右刃伤。
霾两轮兮絷四马，援玉枹兮击鸣鼓。
天时怼兮威灵怒，严杀尽兮弃原野。
出不入兮往不返，平原忽兮路超远。
带长剑兮挟秦弓，首身离兮心不惩。
诚既勇兮又以武，终刚强兮不可凌。
身既死兮神以灵，魂魄毅兮为鬼雄。

这写的是秦楚之间的一场车战，歌颂广大将士为国献身，以鼓舞人民复仇抗秦。通篇诗句勇武刚健，是一首激烈悲壮的战地歌曲。

到了汉乐府，就有了反映屯边战士生活的诗篇，情辞极为凄苦。例如：

### 战城南

战城南，死郭北，野死不葬，乌可食。
为我谓乌，且为客豪。野死谅不葬，腐肉安能去子逃。

水深激激，蒲苇冥冥，枭骑战斗死，驽马徘徊鸣。
梁筑室，何以南？何以北？禾黍不获君何食？
愿为忠臣安可得！思子良臣，良臣诚可思。
朝行出攻，暮不夜归！

## 十五从军征

十五从军征，八十始得归。
道逢乡里人，家中有阿谁？
遥望是君家，松柏冢累累。
兔从狗窦入，雉从梁上飞。
中庭生旅谷，井上生旅葵。
舂谷持作饭，采葵持作羹。
羹饭一时熟，不知贻阿谁。
出门东向望，泪落沾我衣。

第一首写汉代在北方边疆驻扎军队，且耕且战，诗中借守边战士之口，表达了获得良好将帅的愿望。第二首记述了一位服役老兵退伍后，回家看到的悲惨情景，表现了战争的残酷性。

魏晋之际，天下大乱，连年战火不息，三曹、七子及七贤中都有反映战乱的诗篇。例如：

## 咏怀诗

阮籍

壮士何慷慨？志欲威八荒。
驱车远行役，受命念自忘。
良弓挟乌号，明甲有精光。
临难不顾生，身死魂飞扬。
岂为全躯士，效命争战场。
忠为百世荣，义使令名彰。
垂声谢后世，气节故有常。

上述诗歌写得慷慨悲壮，雄浑豪放，很能代表和体现汉魏风骨。

## 二、中国古诗词的翻译技巧

诗词是一种运用高度精练、有韵律且富有意象化的语言来抒发情感的文学样式，是具有一定外在形式的语言艺术。诗词用优美的形式表达思想、传递情感，可以咏志，可以言情，可以表意。诗词翻译是沟通世界文学艺术的一个重要渠道，也是促进诗词发展的重要方式。

下面综合一些译者的观点，分析中国古诗词的翻译技巧。

### （一）注重诗词的形式

众所周知，古代诗词所表达的形象往往与作者思想是紧密相关的，诗人喜欢利用一些恰当的表现方法来表达自己的思想和情感。对于这类诗词的翻译，通常合理的做法是采用形式翻译，确保所翻译的译文在形式上与原文具有一致性，从而准确传达原文的形式美，体现原文的韵味。

在诗词中，诗词的形象、内容密切相关。诗人如果想要全方位地传达自己的思想，就需要利用具体的物象。进一步而言，形式翻译的过程中需要注重两个方面。[1]

第一，对诗词的形式进行保留，译者需要注重准确传达诗词所含有的文化特性以及内涵，这是首要的，进而保留诗词的形式，从而实现诗词翻译的形式与韵味的双重体现。

第二，保留诗词原文分行的艺术形式。不同的诗词使用的分行格式是不同的，格式在一定程度上也体现着诗词的意蕴，是作者不同思想意图的传达，因而译者在翻译过程中需要充分考虑诗词分行中所产生的美学意蕴，给予诗词最大限度的保留。

在诗歌形式上，屈原打破了《诗经》整齐的四言句式，创造出句式可长可短、篇幅宏大、内涵丰富的"骚体诗"，开创了中国浪漫主义的先河。因

---

[1] 张欢.浅析文化语境对诗歌英译的影响[J].今古文创，2021，（18）.

而，对原文诗歌形式的再现对于"骚体"的再现具有重要的意义。许渊冲认为，"形美"指"译诗在句子和对仗工整方面尽量做到与原诗形似。①但是许渊冲所追求的并不是对号入座的"形似"。根据许渊冲的翻译诗学观，在诗歌形式的处理上，他兼顾翻译规范、目标读者的阅读习惯以及审美倾向等因素，在忠实原文的基础上合理使用归化策略，在传达出原文的内涵的同时，尽可能实现形式美。例如：

擘木根以结茝兮，贯薜荔之落蕊。
矫菌桂以纫蕙兮，索胡绳之纚纚。

I string clover with gather wine, oh!
And fallen stamens there among.
I plait cassia tendrils and wine, oh!
Some strands of ivy green and long.

在翻译上，许渊冲根据英汉诗歌的异同，使用英语诗歌的平行结构再现原文诗歌的形式美，也实现了原诗的意美。首先，许渊冲的译文在句式方面，照顾到目标读者的阅读习惯，补出了主语"I"，构成英语 SVO 结构，第一句、第三句的字数对等，构成主语对主语、谓语对谓语的结构，给人以视觉上的美感。其次，译者发挥译语优势，在兼顾原诗形美的前提下，用等化的译法将"落蕊""菌桂"逐一译出，fallen stamens, cassia tendrils 再现了原文的意象，从而使读者知之、乐之、好之。可见，许渊冲基于原文的基础上用符合英语语言规范的方式表达，充分调动自己的审美能力和创造能力，根据原诗内容选择恰当的译诗形式，将原诗的神韵传达出来，做到了形神兼备。

---

① 许渊冲.文学与翻译[M].北京：北京大学出版社，2003.

# 第七章　中国经典文学翻译与跨文化传播

## （二）传递意境美和音韵美

这就是强调在保留原诗形式美的基础上，要传递原诗的意境美和音韵美。在音韵美方面，要求译作忠实地传递原作的音韵、节奏以及格律等所体现的美感，确保译文富有节奏感，且押韵、动听。在意境美方面，要求译诗与原诗一样可以打动读者。

在进行翻译时，译者要注意语言与文化方面的问题，译者要尽量创作与原文在形式、音韵、意境上相对等的作品。

《离骚》意象的特点是"寄情草木"和"托意男女"，诗歌里的意象是诗人情感的寄托。在文化翻译的过程中要尽可能忠实地传达我国传统文化，但是"对外交流时过度强调原汁原味，无异于难以下咽的中草药，若人家没有喝过苦汁的习惯，那也只好作罢"。许渊冲的"三美论"有所侧重，他认为"我把'意美'放在第一位，可见我并不主张'牺牲内容'；我把'音美''形美'放二、三位，可见我并不'过分强调形式'"[1]可见，许渊冲先生译诗最讲究的是传达诗的内涵意义，却又不过分拘泥于原诗。例如：

椒专佞以慢慆兮，樧又欲充夫佩帏。
既干进而务入兮，又何芳之能祗？

The pepper flatters and looks proud, oh!
It wants to fill a noble place.
It tries to climb upon the cloud, oh!
But it has nor fragrance nor grace.

许渊冲将原文中的部分意象省略，如将"佩帏"省略，并没有局限于原文，而是将诗句的意思传达出来。同时，译者也保持了诗句的押韵和形式上的工整，保持了诗歌的音美和形美，可见许渊冲把"意美"放在第一位，同时尽可能兼顾音美和形美的翻译诗学观。

---

[1] 许渊冲，翻译的艺术[M].北京：中国对外翻译出版公司，1984.

# 第二节　古代散文翻译与跨文化传播

## 一、中国经典散文研究

### （一）散文的定义

散文是一种选材广泛、抒写真情实感、结构自由灵活、篇幅简短的文学体裁。说到散文，其实有广义和狭义之分。广义的散文就是我国古代与韵文相对的文学样式，凡是不押韵的文章统统被划归到散文的范围。也就是说，不管它是文学性的，还是实用性的，只要是无韵散体，都叫散文。显然这与我们今天所说的散文存在较大的差距。在中国，狭义的散文概念，是近代才出现的。当时，随着文学审美性的加强，外国文学理论的传入，人们将一些非文学性的实用文章、议论文章、学术文章排除在文学之外，于是，狭义的散文概念得以形成。

### （二）散文的结构

1.选材广泛，细节见长

其他文学体裁的创作具有广泛的选材范围，但与散文相比总会多少受到一些限制。例如，戏剧选取那些矛盾冲突、具有悬念的事件；小说要写情节性的题材；电影电视要牢牢抓住观众，必须体现屏幕意识。而散文的选材就没有种种限制，它无所不包，天文地理、风土人情、思古访旧、感时抒怀，尽收笔底。诚如周立波所说，散文选材"真正广泛到极点，举凡国际国内的大事，社会家庭的细故，掀天之浪、一物之微，自己的一段经历、一丝感触、一缕悲欢、一星冥想，往日的惶惊，今朝的欢快，都可以移于纸上，贡献读者"。① 散文之所以具有诗歌、小说、戏剧文学不可替代的作用，主要在于它能选取生活片段，小中见大，给人美的享受。

2.结构自由，篇幅简短

散文结构不像诗歌那样要求高度集中，也不像戏剧文学那样分幕分场，可以忽东忽西、忽古忽今，甚至天上与人间、神话与现实融为一体。通常讲的散文"形散"，就是指散文结构灵活多变。然而，散文自由灵活的结构都是为强化作品的情感意蕴服务的，这就是所谓的"形散而神聚"。因而，散文的篇幅一般都比较简短。

### （三）散文的分类

散文的分类方法也是多样的。最常见的是按照作品的描述内容、表现方式的不同，分为叙事散文、抒情散文和议论散文三大类。叙事散文借写人叙事抒发作者的真实感受，表达自己的思想情感。其主要的作品样式有报告文学、人物传记、回忆录、游记等。抒情散文大多借状物绘景抒发作者的内心情感。其常见的作品样式有小品文和部分随感、杂谈。议论散文主要以议论、说明的方式阐释事理，传达作者的感受和思想。

## 二、中国经典散文的语言特点

### （一）简练、畅达

散文要求简练、畅达。简练的散文语言不仅能够将所要表达的内容传达出来，还能够表达作者对人、对物的态度。这不是作者精心雕刻的，而是作

---

① 王一川.文学理论[M].成都：四川人民出版社，2003.

者最朴实的情感表达。畅达的散文不仅能够让词语挥洒自如，还能够让情感表达自由自在。总之，二者是相辅相成的关系，是散文重要的生命线。

## （二）口语化、文采化

散文作者会以自己的姿态、声音、风格等形式讲话，向读者倾诉、恳谈，能充分展示其说话的风格和个性。因此，散文的口语化更加浓重。散文的口语化特征并不是说其失去了文采或是不讲究文采，其也常常有"至巧近拙"的文采。

## （三）节奏整齐、顺畅

众所周知，散文具有很强的节奏感，这主要体现在其声调的分配上。另外，散文的节奏感还体现在句式的整散交错，长短句的紧密结合。正是因为散文的节奏整齐，因此让读者在阅读时能够朗朗上口，感觉到顺畅自然。[①]

# 三、中国经典散文的翻译技巧

## （一）动态、静态转换

语言是人对客观世界的一种反映方式，也有动态和静态的不同表达。静态的表达往往会把事物的运动和变化描述为一个过程或状态。而动态的表达法则注重描绘引起变化或运动过程的行为、动作。英语句子基本意义常常用静态表达，而汉语则通常用动态表达，因此翻译中国经典散文时需考虑这

---

[①] 张保红.文学翻译[M].北京：外语教学与研究出版社，2010.

# 第七章　中国经典文学翻译与跨文化传播

一点。

这白衣的安琪儿，抱着花儿，扬着翅儿，向着我微微的笑。

《笑》

The angle in white was smiling at me, her wings stretching, with a bunch of flowers in her hands.

上述例子中，汉语句子本身是四个小分句并列，三个动词"抱着""扬着""向我微笑"，似乎平行结构，但是分析发现并不是都可以做主体成分，"抱着""扬着"只是它本身所伴随的一种状态，所以将其处理为伴随状语。因为从句子成分上来看，静态的语言表达法主要是主语、宾语及其二者的定语、状语及独立成分，用独立主格的成分刚好可以表达其动态效果，同时主次又较为分明。

不是乱吹，这就是知识啊！

《养花》

It has nothing to do with exaggeration, but it is knowledge!

在上述这句话中，我们说汉语"乱吹"或"吹牛"是一个动词，而在翻译的时候将这一动词转化为 exaggeration 这一抽象名词，因为英语中的名词常常行使汉语中动词的功能，同时使用抽象名词也能表现文本的正式程度。

在我想到她的健康而不放心的时候，我欲落泪。

《想北平》

At the thought of her health, I am in such great anxiety that I am to shed my tears.

上述例子中，首先"在我想到"是一种动作表现形式，翻译为 when I thought…笔者认为也不是不可以，但是句子的层次是想到健康继而不放心最后导致欲落泪，所以译者想到转变为介词短语结构，首先符合英语静态的思维方式，表现得更为庄重，其次可以将句子的主次划分清楚，句子的核心部分可以体现出来。

## （二）竹状、树状结构转换

英语是典型的树状结构，主谓明确，其他成分往往借助各种形式手段连接在主干上，使主干不断延伸，句子成分随时可以加以修饰，而其他成分又可被另一种成分修饰，而汉语则不受这种语法的限制，只要语义没有错误，可以是多个无主句并列。

例如，我翻译莎士比亚，本来计划于课余之暇每年翻译两部，二十年即可完成，但是我用了三十年，主要原因是懒。

《时间即生命》

译文1：

Taking my translation of Shakespeare for example. I had intended to finish two plays in my spare time, and finished the whole project in 20 years. But I spent 30 years due to my laziness.

译文2：

Take the translation of Shakespeare for example. I had initially planned to spend 20 years of my spare time in doing the translation, finishing two plays a year. But I spent 30 years instead, due primarily to my slothfulness.

原文这段话由五个断句组成，将前四个分句做单独的分句翻译，译文1和译文2的对比发现，译文2将中间两句合并为一句话，仔细想来原作者所说的闲暇时间是属于二十年中的一部分，是一个所属结构，若将其僵硬地翻译为两个分句，结构上显得松散，且也不符合英语的思维方式，因为英语不像汉语一样竹式层层叠进，而是主属有别。

人的头盖骨，结合得非常致密与坚固，生理学家和解剖学者用尽了一切的方法，要把它完整地分出来，都没有这种力气，后来忽然有人发明了一个方法，就是把一些植物的种子放在要解剖的头盖骨里，给它以温度与湿度，使它发芽，一发芽，这些种子便以可怕的力量，将一切机械力所不能分开的骨骼，完整地分开了。

The skull of our humankind is so tightly and solidly integrated that physiologists and anatomists fail to accurately separate it no matter how hard they try. Then a method happened to be put forward by putting some seeds of a plant in the skull with appropriate temperature and moisture so that they could sprout. The seeds grow with such horrible power that they can intactly part the skull which al the machines fail to do.

首先原文是典型的汉语特点，在读到原文时确实有点乱，不知道该如何

# 第七章 中国经典文学翻译与跨文化传播

下笔翻译，因为这么多分句要找准句子的主谓结构，也不是特别容易，但是可以确定的是各个成分之间都是有着必然的联系的，刚开始译时，觉得前两句处理为一个定语从句结构 The skull of our humankind is tightly and solidly integrated and physiologists…，虽然我个人认为这样翻译从语法结构上并没有错，但是并没有把"结合紧密"和生理学家和解剖学家想尽办法无法分开这样一种因果状态表现出来，后来改为 so…that 这种句型不仅将逻辑关系表现出来，同时句子的流畅性较之前更好一些。此外，也借助这种连词形式将汉语的分句整合为一句话，这也体现了英语句子的特点。

## 第三节 古代小说翻译与跨文化传播

### 一、中国经典小说研究

#### （一）小说的定义

什么是小说呢？还没有一个人人都一致接受的、清楚明了的定义。

《韦氏新大学词典》认为，小说是一种虚构的散文体记叙文，通常是篇幅长而结构复杂，通过一系列连贯的事件来表现人生经验。

《卡斯尔英语诗典》把小说看成是一种散文体的虚构记叙文，通常有独立成书的长度，描绘提取自现实生活的人物和场景。

《钱伯斯二十世纪词典》则更强调人物及其之间的相互关系的重要性，称小说为一种虚构的散文体记叙或故事，描述一幅现实生活的图画，尤其着重表现所写男女人物生活经历中的感情危机。

近来有些评论家已在努力进一步缩小定义范围。譬如，让真正的小说包括"教育"成分，让人物学到更多生活经验而有所发展变化。与此同时，优秀的侦探故事中，也含有大量对人物与动机的探究和重新评价。

## （二）小说的基本特点

### 1. 生动地叙述故事情节

小说既然要多方面、细致地刻画人物，就必须有完整、复杂的故事情节，因为情节是人物思想性格形成和发展的凭借。一般来说，情节越是完整而生动，人物的思想性格越能具体地得到展示。故事情节的生动曲折，能使小说产生引人入胜的艺术魅力。所以，情节的完整性和生动性，是小说的又一重要特点。这个特点和其他叙事文学相比，就更为突出。叙事诗因为要求语言凝练，因此情节单纯并跳跃性较大；叙事散文往往只摄取生活片段，一般没有完整的情节，戏剧因为要求矛盾集中和受时间限制，也容纳不了大量的详情细节。小说则不受时间、空间、篇幅、手法的限制，只要是内容需要和作家能力允许，就能通过典型化的方法，把情节安排得曲折有致、跌宕起伏。小说篇幅较长、容量较大，可以根据事件的发生、发展、高潮、结局，逐步描写事件的全过程。即使是短篇小说，通过匠心经营，也能写得生动完整、摇曳多姿。

### 2. 具体地描绘环境

小说既要刻画人物，叙述事件，那就必须有具体的环境描写。人物总是生活在一定的自然环境和社会环境中，并受到环境的影响；事件也总是起因于一定的环境，在一定的环境里发生、发展。所以，在小说里只有具体而鲜明地展示环境，才能真实而深刻地表现出人物和事件的特征，才能揭示出人物行为和矛盾冲突发生、发展的原因和背景。当然，环境描写不是小说所独有，但像小说这样鲜明具体地描绘环境，是其他叙事作品所没有的。小说根据人物性格刻画和情节发展的需要，可以灵活自如、具体充分地描绘环境。

## 二、中国经典戏剧的小说特点

### （一）形象与象征

小说的语言往往通过象征等手法，将情感、观点等形象地表现出来，而不是简单地直接叙述。也就是说，小说的语言往往会用形象的表达对人物、事件等进行描述，使读者产生身临其境之感，从而获得与小说中人物一样的感悟与体会。小说对人物、事件等展开具体的描述，其使用的语言也用具象语言代替抽象语言，以便让读者受到感染。小说中经常使用象征的手法，象征并不是绝对代表某一观点、某一思想，而是用暗示的方式将读者的想象激发出来，其是用有限的语言表达言外之意，用象形的语言表达暗示之意，这大大增强了小说语言的艺术性与文学性，也凸显了小说的一大特色。

### （二）讽刺与幽默

讽刺即字面意义与隐含意义之间呈现对立，有时候，善意的讽刺往往能够产生幽默的效果。讽刺对语篇的伦理道德等有教育强化的意义。幽默对增强语篇的趣味性意义巨大，肃然讽刺与幽默的功能差异比较大，但是将二者相结合，能够获得更大的效果。讽刺与幽默的效果往往需要通过语调、语气、句法等手段来彰显。

## 三、中国经典小说的翻译技巧

小说特别重视对人物进行刻画。因此，译者在翻译时，需要注意选词，找到恰当的表达手段，让读者通过读译作，形成与原作读者相同的人物印象。另外姓名不仅仅是单纯的语言符号，更富有文化内涵以及社会意义。因此，译者应该考虑如何将日常交际中人物姓名的翻译规范化，以便达到使文学作品中的人名翻译能够最大限度地传达作者的寓意，同时保持原作风格的效果。

《红楼梦》是中国文化的瑰宝，其中的人名更是极具中国传统文化特色，涉及小说人物多达四百余人，被誉为中国古典小说史上描写人物的典范作品。曹雪芹这位语言大师，十分灵活地利用了汉语在音、形、意等方面的特点，赋予了《红楼梦》人物一个个独特的名字。但是，正是这份独特的命名艺术，常常给读者带来理解方面的困难，只有结合作者所处的时代背景以及每个人物的性格特征和命运，才能领略这些名字的独到之处。正因如此，这更为小说的翻译带来了巨大的障碍。本研究主要通过对比分析霍克斯译本和杨宪益译本在《红楼梦》中人物姓名的英译，进一步分析和比较不同翻译手法所体现出的人名翻译特色，从而得出在翻译富有汉语言文化特色的文学作品人名时，不同译者所采取的方法与技巧，并帮助大家进一步客观认识人名翻译行为，从中发现和总结出更多的人名翻译策略，通过对比分析不同人名翻译策略的运用，推动更多优秀译本的出现。

"《红楼梦》本身是一座中华语言文化的宝库，其众多的外文译本亦是翻译研究取之不尽的资源。"[①]这里主要讨论《红楼梦》中人名的翻译。到目前为止，关于《红楼梦》的英译，有两个比较完整的版本，一个是杨宪益夫妇译本，他们主要对人名采用了音译的办法；另一个则是霍克斯译本，他对主角名字采用音译而次要人物意译。（见表7-1）

表7-1 杨宪益夫妇与霍克斯关于《红楼梦》人名的翻译对比

| Classification | Chinese name | Yang version | Hawkes version |
| --- | --- | --- | --- |
| Main Characters | Jia Zheng | Chia Cheng | Jia Zheng |
| | Jia yucun | Chia Yu-tsun | Jia yucun |
| | Jia Baoyu | Chia Pao-yu | Jia Baoyu |
| | Lin Daiyu | Lin Tai-yu | Lin Daiyu |

---

① 冯全功. 新世纪《红楼》译学的发展现状及未来展望[J].红楼梦学刊，2011,（4）.

# 第七章　中国经典文学翻译与跨文化传播

续表

| Classification | Chinese name | Yang version | Hawkes version |
|---|---|---|---|
| Main Characters | Xue Baochai | Hsüeh Pao-chai | Xue Baochai |
| | Yuanchun | Yuan-chun | Yuanchun |
| | Yingchun | Ying-chun | Yingchun |
| | Tanchun | Tan-chun | Tanchun |
| | Xichun | His-chun | Xichun |
| | Jinchuan | Chin Chuan | Golden |
| | Yuchuan | Yu Chuan | Silver |
| | Xiren | His-jen | Aroma |
| | Kongkongdaoren | The Reverend Void | Vanitas |
| | Mangmangdashi | Buddhist of Infinite Space | Buddhist Mahasattva Impervioso |
| | Miaomiaozhenren | Taoist of Boundless Time | Taoist Illuminate Mysteroso |
| Other names | Qiguan | Servants' Names | Bijou |
| | Baoguan | Pao Kuan | Tresor |
| | Fangguan | Fang Kuan | Parfemee |
| | Lingguan | Immortal Names | Charmante |
| | Wenguan | Wen Kuan | Elegante |

　　根据表7-1不难发现两个版本的异同。首先，很明显有两个相似之处：杨和霍都采用音译法来翻译小说中的主角名字，而针对神仙的名字两版本均采用了意译的方法。

　　采用音译的方法来翻译主角姓名大有益处。无论采用霍克斯倾向的中文拼音系统还是杨先益夫妇偏爱的韦氏拼音系统进行音译，都可以暗示汉语名字中的重复字以及发音，这可以帮助读者理解汉字名称文化；而且，由于有些名字是成组出现的，所以音译更可以暗示人物关系。例如，贾家的四姐妹，他们名字的结尾都带有"春"字，表明她们姐妹关系。这些主角名字的音译可以帮助英语读者清楚地了解他们之间的关系。

　　而针对神仙的名字，杨宪益夫妇和霍克斯不约而同地选择了意译的方

· 153 ·

法。首先僧侣、神仙这种具有中国文化特色的人物身份是外国读者比较罕见的，因此采用意译的方法不仅可以为整个故事营造一种神秘的氛围，也能够比直译或者音译更易于读者理解。例如，仙女、和尚等这些不为大众熟知的角色，只会出现在特定的时代，但是这些人物的名字以及其本身又对后面的故事情节起到了重要作用，因此这些名字的翻译不容忽视。意译可以使他们身份易于区分，并表达其名字的隐藏含义。因此，两位译者多选择具有神秘含义的单词，如"虚无""无限""无国界""伟大的圣人"等这些带有强烈神秘感的词语。而通过表7-1也可以明显看出，两个版本有很大的翻译差异。杨宪益夫妇主要使用韦德-吉尔斯（Wade-Giles）系统来命名大多数人物，而杨主要采用意译的方法，尤其针对其中隐藏有特殊含义的人物名字，杨宪益夫妇通常在其中添加脚注以进行解释。但是，霍倾向于音译，并使用汉语拼音系统作为主要翻译基础。

另外，虽然杨宪益夫妇和霍克斯在翻译神仙和僧侣的宗教名字时都使用了意义翻译，但是对于具有特征的名字，他们选择了不同的词。杨宪益夫妇偏爱使用英语单词，但霍克斯充分利用了多国语言，如英语、希腊语、法语、梵语、拉丁语和意大利语。杨宪益夫妇通常使用那些与中文名称具有相似含义，并且在翻译其名称时具有很强的神秘感的英语单词，如空虚的牧师、热情的和尚、无限空间的佛教徒、无限时的道家等。这些单词的身份可以通过英译清楚地显示出来，这样这些名称就可以营造一种神秘的气氛，并且很适合这个故事。

杨在翻译仆人的名字时主要采用音译，从而可以向外国读者介绍中文姓名文化，但由于大多数仆人的名字在小说中都有隐含的含义和特殊功能，因此音译往往不能够将这些全部表达。相反，霍克斯采用意义翻译在来翻译仆人的名字的时候，由于考虑到仆人地位低下的现实因素，霍克斯偏爱用植物、石头的词汇来意译仆人的名字。

# 第八章　中国传统艺术翻译与跨文化传播

　　自先秦时候起,古人对天地万物及其运行规律展开分析和思考,并将探索出的成果以丰富的艺术形式展现出来,本章作为最后一章,对传统的艺术形式展开分析,涉及传统戏曲与传统音乐,进而探究具体的翻译技巧,以更好地让中国戏曲与音乐走出去。

# 第一节 中国传统戏曲翻译与跨文化传播

## 一、中国传统戏曲研究

### （一）传统戏曲

中国戏曲历史悠久，积淀深厚。经历了八百余年的漫长岁月，如今戏曲已经迈入了当代社会。自改革开放以来，中国的政治、经济以及文化生活已经发生了全面且深刻的变革。在当今社会，戏曲所赖以生存的文化生态发生了极大改变，这也为这门古老的艺术形式注入了新的生命。然而，因为受到外来文化以及新兴艺术形式的冲击，戏曲在快速发展的当今社会显得格格不入、步履维艰，可谓是进退维谷；但在另一方面，戏曲也随着这一次变革而走过了一个具有里程碑意义的转折点，出现了影响至今的戏曲音乐高潮。

### （二）传统戏曲的艺术特征

戏曲是中国传统文化的一个重要组成部分。中国传统文化孕育了戏曲，并在经济、文化的发展演变中催生了戏曲，形成了与传统文化一脉相承而又自成一统的艺术体系，有着鲜明而独特的艺术特征。若从演剧艺术的角度来考察，戏曲具有"程式性、写意性、虚拟性和综合性"等艺术特质。

1. 程式性

所谓戏曲的程式，特指表演艺术的某些技术形式。它是根据戏曲舞台艺术的特点和规律，把生活中的语言和动作提炼加工为唱念和身段，并和音乐节奏相和谐，形成规范化的表演法式。戏曲程式的提炼、加工和形成不是一蹴而就的，而是经过一个千锤百炼、精益求精的复杂而艰难的过程，凝聚着众多表演艺人的心血和创造智慧；其中，演员表演时与观众的互动交流及观

# 第八章 中国传统艺术翻译与跨文化传播

众对演员程式化表演的认可，对戏曲程式的最后确立，有着不可忽视的重要作用。所以，戏曲程式不仅具有艺术性、技艺性、规范性，而且具有观赏性。随着社会生活的变化，人们的审美趣味也会发生变化，优秀的表演艺人会根据不同的演出剧目和人们的审美趣味对程式进行新的创造，所以程式的固定性是相对的，变化和推陈出新是绝对的。

程式是中国戏曲人物形象塑造的特殊艺术语汇，贯穿于舞台演出的方方面面，如念白有"调"，歌唱有"腔"，动作有"式"，音乐有"牌"，锣鼓有"经"，节奏有"板"，化妆有"谱"，武打有"套"，角色有"行"等。可以说，没有程式，中国的戏曲艺术也就不复存在。

程式不仅不会成为制约戏曲人物形象创造的羁绊，相反，由于诸多手法、技巧、技能、套路等程式的掌握，丰富了艺术的表现手段，赋予了戏曲内容以鲜活的表现力。因此，程式既是一种技术规范，更是舞台艺术美的典范。

2.虚拟性

"虚"者，假也；"拟"者，设定也。虚拟，顾名思义即虚构的设定。比如，空间结构的虚拟，即所谓"三五步行遍天下"；时间流变的虚拟，即所谓"顷刻间千秋事业"；处所环境的虚拟，即所谓"方丈地万里江山"；角色行动的虚拟，即所谓"假象会意求简约"；物化器具的虚拟，即所谓"六七人百万雄兵"等。

虚拟是中国戏曲最基本的创作手法，即所谓的"舞台小天地，天地大舞台"。通过舞台时空的假定，演员真实的表演，观众动情的参与，完成戏剧人物的塑造。"虚拟手法"是在特殊的文化环境和审美理想的支配下所产生的特殊的表现手法，历史地看，中国戏曲是非写实性的。

戏曲的虚拟性是由舞台、演员、观众三方共同完成的。虚拟可以打破舞台时空的局限，解放舞台艺术家的创造力，带来艺术表现的自由，开启观众的艺术想象力，提高戏曲的表现力。

## 二、中国传统戏曲剧本的语言特点

### （一）动作性

在戏剧中，语言与动作有着紧密的联系，动作是剧作者打动人的一项重要手段。"语言动作"能够更好地说明戏剧语言与动作二者的联系，也能够将戏剧语言本身的性质揭示出来。在戏剧艺术中，台词往往能够说明动作的内容，而且台词本身也是一种动作。台词不仅对人物的动作进行诠释，还能够与人物的形体融合为一体，将人物的行动意义与内心状态表达出来。

### （二）修辞性

戏剧源自生活，但并不是对生活的简单重复。戏剧主要依靠语言来吸引大众的视线，因此戏剧台词都是剧作家精心加工出来的。在剧本创作过程中，剧作家往往会使用多种修辞手法，以使语言更鲜活，更具有说服力，进而给观众留下深刻的印象。

## 三、中国传统戏曲剧本翻译

### （一）加词法

由于戏曲剧本舞台表演的即时性，翻译中一般不宜采用文后加注的方法。通常情况下，文内增译（文内加词法）是大多数戏曲剧本翻译工作者经常使用的翻译方式。受到戏曲文本独有的语言特点和各国文化差异的影响，戏曲作家对于一些不需要过多赘述的观众所熟识的环境信息常常省去，但是这些省略常使目的语观众产生理解的障碍，所以翻译者需要在译文中加入一些语境信息，如利用词或短语等形式补充源语中省略的文化内容，帮助目的

# 第八章　中国传统艺术翻译与跨文化传播

语观众理解。除此之外，这种翻译方式对于译者提出了更高的要求，经过实践证实，内增译法会使译文看起来简单明了，非常适合舞台演出这种形式，所以被目的语受众广为接受。例如：

梳着个霜雪般白鬏髻，怎戴那销金锦盖头。

（关汉卿《窦娥冤》）

Now your hair is as white as snow,
How can you wear the bright silk veil of a bride?

（杨宪益、戴乃迭　译）

又无羊酒段匹，又无花红财礼。

（关汉卿《窦娥冤》）

He never sent you wedding gifts:
Sheep, wine, silk or money.

（杨宪益、戴乃迭　译）

在此两例中"金锦盖头"指的是中国古代新娘的特有装饰，而"羊酒段匹"和"花红财礼"都是传统的结婚聘礼。这些对中国观众来讲都是常识性的知识，因而不会成为理解的障碍。但对于不谙中国文化传统的外国观众，可能会产生理解上的困难。为了弥补这个文化信息，杨宪益、戴乃迭分别增译了两个上义词组 of a bride 和 wedding gifts，这样就很好地填补了目的语观众的文化空白。

## （二）替代法

有时源语中所包含的某些对白文字的文化区域性特征过强，在译语观众固有的认知结构中缺乏，而在有限的戏曲时空中又无法补充，同时该内容又是不可或缺的组成部分。这时译者就可考虑使用替代法，将原句中这些文字"化"去，而采用译语观众可以理解的词语取而代之。

替代法是戏曲剧本翻译中常用的方法，它是一种归化译法，即用本民族观众能理解的事物或说法去替代异文化中特有的事物。试看下面的翻译：

苏连玉：三石芝麻。

（锦云《狗儿爷涅槃》）

Su Lianyu: Eight bushels of sesame seeds.

（英若诚　译）

苏连玉：嫂子，这是五十斤豌豆，先凑合吃。

（锦云《狗儿爷涅槃》）

Su Lianyu: Sister, here's a sack of beans, twenty-five kilos, take it.

（英若诚　译）

Maryk: We crawled under the boilers and pulled out the lead ballast blocks, two hundred pounds apiece.

（赫尔曼沃克《哗变》）

玛瑞克：连锅炉底下都爬到了，把那些压船用的、每块九十公斤的铅块都搬出来。

（英若诚　译）

在人类漫长的历史中，不同的民族形成了自己的度量衡制。西方国家有英里、英尺和英寸，中国有丈、尺、寸等。当这些不同的度量单位出现在戏曲对语中时为了使戏曲观众尽快理解话语的意义，替代法是最直接和实用的翻译方法。

# 第二节　中国传统音乐翻译与跨文化传播

## 一、中国传统音乐研究

中国传统音乐即中国传统民间音乐，这里我们主要借助民歌以及民歌的歌词来分析。

# 第八章　中国传统艺术翻译与跨文化传播

## （一）传统民歌

民歌是民间歌谣或民间歌曲的简称。民歌是在民众之间自然发生、集体创作而口头传承的歌曲，指民众的、民俗的歌曲。在这里的民众，包含"庶民、平民、百姓"等词义，民俗包含"民间的传承"或"民间的习俗"。这一民众的、民俗的歌曲，说它什么时候最初形成了民歌这一词语，是比较困难的。但在学术界里较为普遍地认为是，民歌一词是由德国的哲学家、文学家赫尔德（Herder, Johann Gottfried von, 1744—1803年）在18世纪后期开始使用的德语 Volkslied 的译语[①]，英语称 Folk Song。民歌主要在如下几种情况下传唱。

一是民歌主要在劳动场合、劳动现场传唱，为了提升劳动的情绪，构建和谐的氛围。

二是民歌主要在仪式活动中传唱，是对民族的传统信仰的强调。

三是民歌主要为了表达喜怒哀乐的情感，为了将人们的情绪发泄出来。

这些民歌的外在形式随社会环境的变化而变化，其音乐旋律如同一个民族的语言难以变换一样，持久地存续在民族民间社会里。

这些由地域差异、个人差异、时间差异的变化所带来的民歌旋律如何能系统完整地保存和传承以及传播，是我们从事民歌收集、采录及其学习与研究的音乐工作者值得探究的问题。

民歌与劳动人民的生活有十分密切的联系。民间音乐的创作者是劳动人民，他们自己常常就是表演者。他们从事着多种职业，只是在业余时间进行民间音乐的创作和表演。虽然这种活动并不是他们借以谋生的手段，却是他们生活和劳动中不可缺少的部分。这个特点就使民间音乐的创作者、表演者与专业音乐的创作者、表演者在从事这项活动时具有不同的心态：专业音乐的创作者和表演者有相当程度的被动性，而民间音乐的创作者和表演者却完全是出于内心的需要。

我们中华民族的祖先极富音乐才能，早在远古时期，就创造了民歌艺

---

① [英]卡皮里斯.民俗音乐[M].新加坡：新亚出版社，1994.

术。最早的民歌多与劳动有关，也有表现淳朴的爱情和原始宗教内容的。

传统民歌发展至今，积累了浩如烟海的优秀曲目，成为人类音乐文化的宝贵财富。作为民族音乐的爱好者，有志于民歌演唱艺术的人，应当学习唱好这类传统民间歌曲，努力弘扬中华艺术瑰宝，同时使自己从优秀的传统音乐中汲取丰富的养料。

下面是部分脍炙人口的传统民歌曲目：

《三十里铺》陕北民歌
《赶牲灵》陕北民歌
《蓝花花》陕北民歌
《骑青马》陕北民歌
《绣荷包》山西民歌
《五歌放羊》山西民歌
《上去高山望平川》青海民歌
《四季歌》青海民歌
《牧羊山歌》甘肃民歌
《编花篮》河南民歌
《小白菜》河北民歌
《沂蒙山小调》山东民歌
《包楞调》山东民歌
《小看戏》东北民歌
《槐花几时开》四川民歌
《康定情歌》四川民歌
《太阳出来喜洋洋》四川民歌
《小河淌水》云南民歌
《雨不洒花花不红》云南民歌
《月儿弯弯照九州》江苏民歌
《茉莉花》江苏民歌
《拔根芦柴花》江苏民歌
《凤阳花鼓》安徽民歌
《斑鸠调》江西民歌

# 第八章　中国传统艺术翻译与跨文化传播

《打支山歌过横排》江西民歌

《龙船调》湖北民歌

《一根竹竿容易弯》湖南民歌

《采茶灯歌》福建民歌

《落水天》广东民歌

《一只鸟仔》台湾民歌

《牧歌》蒙古族民歌

《森吉德玛》蒙古族民歌

《小路》蒙古族民歌

《阿拉木汗》维吾尔族民歌

《玛依拉》哈萨克族民歌

《我的花儿》哈萨克族民歌

《巴塘连北京》藏族民歌

《歌唱美丽的家乡》苗族民歌

## （二）传统民歌唱词的内容

1. 苦难倾诉

在封建社会，劳动人民生活在多重的苦难和压迫之下：恶劣的生存环境，落后低下的生产方式，不合理的社会制度，官府和富人的压榨、盘剥，民族、部落或家族间的械斗，以及种种封建伦理道德的桎梏；给劳动人民造成了极大的痛苦。巨大的苦难就像一张无形而严密的网，笼罩在穷人的头上，使他们无处躲藏，无处安身。

2. 爱情婚姻

婚姻恋爱是人生的大事。民歌在人类爱情生活中所起的媒介作用是其他文学样式都无法比拟的。

## 二、中国传统音乐唱词的语言特点

民歌是唱给人听的，要使民歌明白如话地让人听懂，那么唱词中的自然节律在唱腔中的正确表达是一个重要方面。唱词有长有短，句式也有长有短，所有唱词总是由一个一个词组连接而成，有时短停顿，有时长停顿，隐含着各种标点符号的功能。旋律基本能体现这些特点，这就是唱词的节律形态。

### （一）词逗

唱词的词性构成有两种：一种是实词，一种是虚词，实词为主，虚词为副。每一句唱词中可以划分为若干个词组。词组的类型也基本有两种：一种是两字词组，一种是三字词组，如常见的五字句可划分为2+3的词组，七字句可划分为2+2+3的词组。例如，唱词中有助词、代词、语气词之类的虚词，一般依附于就近的实词词组。一般词组的第一字为重音位置，常在拍头位置出现，词组中的字相对集中处理，这样接近语言表达的自然特点，也使词逗清晰。例如：

　　卖汤圆，卖汤圆，小二哥的汤圆是圆又圆，
　　一碗汤圆满又满，三毛钱呀卖一碗。

这首民歌都较好地体现词逗特点。所有唱词都可划分为两字词组和三字词组，带点的字依附于原词组，基本都是短时值地一带而过。这些词组有的是名词词组，有的是动宾词组，有的是偏正词组，这些词组的第一个字都在拍头位置，最后一字的停顿常稍长，形成了明显的词逗感，隐伏着顿号的功能。

## （二）句逗

唱词中的句逗形态更是司空见惯。因为民歌总是以句为单位表达的，每一乐句后的长音，就是最明显的句逗形态，隐伏着逗号功能。但是唱句在唱词中的位置、层次、词义都不会一样，句逗感除了逗号功能外，还有分号功能（多句并列中的句逗形态）、句号功能（乐段终止的句逗形态）、感叹号功能（高潮乐句后的句逗形态）等。例如：

东方不亮西方亮，黑了南方有北方。<br>中华国土万里长，干柴烈火遍地藏。

这首民歌中的句逗感也十分清晰，但是句逗的功能不完全一样。民歌中每两句为对应的上下句结构，所以四个句逗分别表现出逗号、句号、逗号、句号的功能。

## 三、中国传统音乐唱词翻译

### （一）歌曲中词语的翻译策略

歌曲翻译是将歌词用另外一种语言诠释。歌词不同于普通的翻译，其句子短小，内容精练，翻译时需要将其中每个词语的意思理解琢磨到位。

#### 1.衬词的翻译

衬词，与歌曲正词不同，多为一些形声词、语气词、称谓词，穿插在歌词开头、中间或结尾，起到烘托的作用。衬词为表达情感而设定，与歌词内涵没有关联。为了完整地、更好地呈现歌曲，针对不同歌曲中衬词的位置、具体作用，译者可以采用音译和省译两种方法进行处理。例如：

（男）过了大年头一天，

（女）我和（那个）连成哥哥去拜年。

（男）一进门

（女）把腰弯，

（男）左手（那个）拉

（女）右手（那个）搀。

（合）（哎子依呀嗨）

拉拉扯扯拜的，拜的那个什么年。

（那哎子依呀嗨）

译文1：

M：On the first day of lunar year,

F：Liancheng (Liancheng) and I go and pay a New Year visit together.

M：Make our entrance,

F：Bow to parents,

M：Holding your hand (hand) on the left,

F：With your hand (hand) on the right.

译文2：

M：On the first day of lunar year,

F：Liancheng and I go and pay a New Year visit together.

M：When entering the gate,

F：We bow low,

M：Holding your hand on the left,

F：Holding your hand on the right.

原文中出现的"那个""哎子依呀嗨"都为衬词，译文1的时候笔者将"我和（那个）连成哥哥去拜年"中的"那个"译成了对Liancheng的重复；将"左手（那个）拉""右手（那个）搀"中的"那个"译成了对hand的重复。因为"那个"在汉语中，意思很宽泛，也很难在英语中找到完全对等的词,但出于译文与原文结构对等的目的,于是将其分别译为句子中心词的重复。但后期考虑到原歌词句子比较短,如果只是一味地重复某个词,唱起来就会占过多音符,致使歌曲失去韵味,于是在译文2中将衬词省去了。

2.人称的翻译

民歌中包含有对自然的赞颂、对穷苦生活的描述、对美好生活的向往、对党的热爱、对爱情的期盼等,这里面有许多是直率地抒发自己的思想感情的,所以第一人称的使用很普遍。但在深入了解民歌之后就会发现,在民歌中也有一部分第三人称的使用。通常情况下,第三人称多用于男女情歌中。例如:

山丹花开一点点红,你是妹妹的(啦呼嗨)心上人。
你想嫁俺俺高兴,只要你不嫌(啦呼嗨)哥哥穷。

The red lily blooms with red, you are my (la hu hai) sweet heart. I am happy that you want to marry me, as long as you don't hate (la hu hai) my poorness.

在这一句中同时出现了第一人称和第二人称的"我"与"你"及第三人称的"妹妹"和"哥哥"。通过前后句可知,"妹妹"与"哥哥"都是自称,且"你"和"妹妹"或"哥哥"位置紧邻,若将"妹妹"和"哥哥"直接译为 sister 和 brother,则会让译入语读者在与"你"的关系上产生歧义。并且在同一句话中,人称紧邻,自然要统一,故全部以直接抒发感情为主,译为"你"和"我"。

## (二)歌曲中句式的翻译策略

歌曲类文本的一大特点是其似诗歌,用结构严谨的句子结构呈现富有美感的意境或表达既定的情感,那么歌曲翻译一定程度上也成了诗歌的翻译。在文学翻译中,没有哪一种理论完全适合某种体裁的翻译,译者需要在理论指导下灵活运用翻译技巧。在这项翻译任务中,文本歌词通俗但精练,句式多是整散句结合，长短句交错，这就给翻译带来了困难。因此，译者应遵从奈达的等效翻译理论，力求句子简约精练，不冗杂无累赘感，使读者感觉译文如源语一样通顺自然，美感十足。

1.删繁就简，通顺自然

英语和汉语表达习惯本有不同，加之汉语歌词中句子特点突出：句式浓缩精练，内容丰富多彩，因此翻译时不光要忠实于原文内容，也要注意译文与原文句子形式上的对应。例如：

哥哥走了留下一道踪，
倒灶鬼沙牛牛溜了个平。
百灵子过河沉不了底，
忘了那娘老子忘不了你。

译文1：
You left and leaving a trace,
The annoying longicorn make it disappear.
The lark cross river and never fall,
You are the only one I will never forget.

译文2：
You left and left a trace,
The longicorn made no grace.
A lark crosses a river but shall never fall.
I can forget my parents but not you.

这首歌曲是一首典型的陕北情歌，讲述的是姑娘对情哥哥的思念之情。笔者在翻译时，尽量把句子化繁为简，减少主从复合句的使用。译文1中，尽管没有使用复杂的句子，但句式上和原文还是有差别，原歌词每节第二句比第一句稍长一个汉字，但译者的译文还是稍长，因此就把原先用来形容

## 第八章　中国传统艺术翻译与跨文化传播

"倒灶鬼沙牛牛"的单词annoying删去了，而且在句尾加了 grace 一词和上句 trace 形成押韵。第二歌节中"忘了那娘老子忘不了你"，译文1时，译者对其具体意思存在异议，因此将其意译了。后来经过深思，准确把握了其中含义，"娘老子"指的是"父母亲"，原歌词中有韵脚"i"，译者在译文中没有表现出来，但用元音结尾，便于演唱。

2.调整语序，达意传神

翻译不能一味地逐字逐句翻译，而要根据实际需要适当做出调整。比如，为了便于演唱，将元音结尾的单词放在句末，或者为了使译语读者读起来更加自然流畅，按译语表达习惯排列语序等。为了更好地呈现原歌词的特点、吸引译语读者，笔者在翻译歌曲时通过语序调整，达到以上目的。例如：

爷爷锄把接在手，
家乡再穷我不走。

译文1：
Watching grandpa hoeing,
I would never go away from the poor hometown.

译文2：
I take over my grandpa's hoe,
Poor though my hometown is, to any place I will not go.

其实，原歌词中第一句是被动语态，应该是"爷爷锄把被我接在手"，译者翻译时为了利用 hoe 这个词结尾便于演唱，于是将其倒置过来，译成了主动语态。第二句有"让步"的意义，"即使家乡再穷"，译者将其译为两个短句，让步状语从句在前，主句在后，以 go 结尾，这样两句就形成与原文一样的韵脚 ou。

# 参考文献

[1] 白桂芬.文化与翻译新探[M].北京：中国纺织出版社，2017.

[2] 白靖宇.文化与翻译（修订版）[M].北京：中国社会科学出版社，2010.

[3] 包惠南，包昂.中国文化与汉英翻译[M].北京：外文出版社，2004.

[4] 包惠南.文化语境与语言翻译[M].北京：中国对外翻译出版公司，2001.

[5] 蔡基刚.英汉词汇对比研究[M].上海：复旦大学出版社，2008.

[6] 陈浩东.翻译心理学[M].北京：北京大学出版社，2013.

[7] 陈建平.应用翻译研究[M].苏州：苏州大学出版社，2013.

[8] 陈坤林，何强.中西文化比较[M].北京：国防工业出版社，2012.

[9] 陈清贵，杨显宇.翻译教程[M].成都：电子科技大学出版社，2006.

[10] 成昭伟，周丽红.英语语言文化导论[M].北京：国防工业出版社，2011.

[11] 戴湘涛.实用文体汉英翻译教程[M].北京：世界图书出版公司北京公司，2012.

[12] 董晓波.大学英汉翻译教程[M].北京：对外经济贸易大学出版社，2011.

[13] 方梦之.英汉翻译基础教程[M].北京：中国对外翻译出版公司，2005.

[14] 冯庆华.翻译365[M].北京：人民教育出版社，2006.

[15] 何少庆.英语教学策略理论与实践运用[M].杭州：浙江大学出版社，2010.

[16] 何远秀.英汉常用修辞格对比研究[M].成都：西南交通大学出版社，2011.

[17] 胡蝶.跨文化交际下的英汉翻译研究[M].长春：东北师范大学出版社，2018.

[18] 黄成洲，刘丽芸.英汉翻译技巧[M].西安：西北工业大学出版社，2008.

[19] 黄净.跨文化交际与翻译技能[M].天津：天津大学出版社，2019.

[20] 黄龙.翻译学[M].南京：江苏教育出版社，1987.

[21] 黄勇.英汉语言文化比较[M].西安：西北工业大学出版社，2007.

[22] 贾钰.英汉翻译对比教程[M].北京：北京语言大学出版社，2018.

[23] 江峰，丁丽军.实用英语翻译[M].北京：电子工业出版社，2009.

[24] 姜荷梅.英汉互译教程[M].上海：复旦大学出版社，2017.

[25] 金惠康.跨文化交际翻译[M].北京：中国对外翻译出版公司，2003.

[26] 金惠康.跨文化交际翻译续编[M].北京：中国对外翻译出版公司，2004.

[27] 康晋，常玉田.英汉翻译[M].北京：对外经济贸易大学出版社，2007.

[28] 兰萍.英汉文化互译教程[M].北京：中国人民大学出版社，2010.

[29] 雷冬雪，于艳平，闫金梅等.英汉词语跨文化综述[M].长春：吉林文史出版社，2009.

[30] 雷淑娟.跨文化言语交际学[M].上海：学林出版社，2012.

[31] 李建军.文化翻译论[M].上海：复旦大学出版社，2010.

[32] 李建军.新编英汉翻译[M].上海：东华大学出版社，2004.

[33] 李雯，吴丹，付瑶.跨文化视阈中的英汉翻译研究[M].长沙：湖南师范大学出版社，2018.

[34] 李侠.英汉翻译与文化交融[M].成都：电子科技大学出版社，2020.

[35] 连淑能.英汉对比研究[M].北京：高等教育出版社，2010.

[36] 林丽霞.英语习语文化探源及翻译研究[M].北京：中央编译出版社，2021.

[37] 凌伟卿.21世纪大学英语教程[M].上海：上海大学出版社，2009.

[38] 刘宓庆.文化翻译论纲[M].北京：中译出版社，2019.

[39] 刘明阁.跨文化交际中汉英语言文化比较研究[M].开封：河南大学出版社，2009.

[40] 刘瑞琴，韩淑芹，张红.英汉委婉语对比与翻译[M].银川：宁夏人民出版社，2010.

[41] 刘双，于文秀.跨文化传播[M].哈尔滨：黑龙江人民出版社，2000.

[42] 卢红梅.华夏文化与汉英翻译（第二部）[M].武汉：武汉大学出版社，2008.

[43] 卢红梅.华夏文化与汉英翻译[M].武汉：武汉大学出版社，2006.

[44] 马会娟.汉英文化比较与翻译[M].北京：中国对外翻译出版有限公司，2014.

[45] 冒国安.实用英汉对比教程[M].重庆：重庆大学出版社，2004.

[46] 裴文.现代英语语境学[M].合肥：安徽大学出版社，2000.

[47] 邵培仁.传播学导论[M].杭州：浙江大学出版社，1997.

[48] 邵志洪.英汉对比翻译导论[M].上海：华东理工大学出版社，2010.

[49] 司显柱.英汉翻译教程[M].上海：东华大学出版社，2019.

[50] 宿荣江.文化与翻译[M].北京：中国社会出版社，2009.

[51] 孙俊芳.英汉词汇对比与翻译[M].北京：知识产权出版社，2016.

[52] 孙蕾.英汉文化与翻译研究[M].北京：中国书籍出版社，2014.

[53] 孙启耀.英汉翻译[M].哈尔滨：哈尔滨工程大学出版社，2004.

[54] 孙致礼.新编英汉翻译教程[M].上海：上海外语教育出版社，2003.

[55] 万永坤.公示语汉英翻译探究[M].昆明：云南大学出版社，2015.

[56] 汪德华.中国与英美国家习俗文化比较[M].杭州：浙江大学出版社，2011.

[57] 汪福祥，伏力.英美文化与英汉翻译[M].北京：外文出版社，2003.

[58] 汪福祥.汉译英中的习语翻译[M].北京：外文出版社，2007.

[59] 王大伟，魏清光.汉英翻译技巧教学与研究[M].北京：中国对外翻译出版公司，2005.

[60] 王端.跨文化翻译的文化外交功能探索[M].北京：中国广播影视出版社，2019.

[61] 王恩科，李昕，奉霞.文化视角与翻译实践[M].北京：国防工业出版社，2007.

[62] 王少娣.跨文化视角下的林语堂翻译研究[M].上海：上海外语教育出版社，2011.

[63] 王述文.综合汉英翻译教程[M].北京：国防工业出版社，2010.

[64] 王天润.实用英汉翻译教程[M].北京：国防工业出版社，2013.

[65] 王武兴.英汉语言对比与翻译[M].北京：北京大学出版社，2003.

[66] 王一川.文学理论[M].成都：四川人民出版社，2003.

[67] 魏海波.实用英语翻译[M].武汉：武汉理工大学出版社，2009.

[68] 吴得禄.英汉语言对比及翻译研究[M].成都：电子科技大学出版社，2016.

[69] 吴建民.中国古代文学理论的当代阐释与转化[M].南京：凤凰出版社，2011.

[70] 吴为善，严慧仙.跨文化交际概念[M].北京：商务印书馆，2009.

[71] 武锐.翻译理论探索[M].南京：东南大学出版社，2010.

[72] 谢群.英汉互译教程[M].武汉：华中科技大学出版社，2010.

[73] 刘黛琳，牛剑，王催春.实用阶梯英语跨文化交际[M].2版.大连：大连理工大学出版社，2010.

[74] 徐通锵.语言论——语义型语言的结构原理和研究方法[M].长春：东北师范大学出版社，1997.

[75] 闫文培.全球化语境下的中西文化及语言对比[M].北京：科学出版社，2007.

[76] 严明.跨文化交际理论研究[M].哈尔滨：黑龙江大学出版社，2009.

[77] 杨岑.英汉翻译入门[M].长春：吉林人民出版社，2019.

[78] 杨海庆.中西文化差异及汉英语言文化比较[M].北京：知识产权出版社，2005.

[79] 杨贤玉.英汉翻译概论[M].武汉：中国地质大学出版社，2010.

[80] 殷莉，韩晓玲等.英汉习语与民俗文化[M].北京：北京大学出版社，2007.

[81] 张安德，杨元刚.英汉词语文化对比[M].武汉：湖北教育出版社，2003.

[82] 张白桦.翻译基础指津[M].北京：中译出版社，2017.

[83] 张保红.文学翻译[M].北京：外语教学与研究出版社，2010.

[84] 张娜，仇桂珍.英汉文化与英汉翻译[M].成都：电子科技大学出版社，2017.

[85] 张培基.英汉翻译教程第2版[M].上海：上海外语教育出版社，2018.

[86] 张青，张敏.英汉文化与翻译探究[M].北京：中国水利水电出版社，2015.

[87] 张全.全球化语境下的跨文化翻译研究[M].昆明：云南大学出版社，2010.

[88] 张维鼎.语言文化纵论[M].成都：四川辞书出版社，2002.

[89] 张文英，戴卫平.词汇·翻译·文化[M].长春：吉林大学出版社，2010.

[90] 张镇华.英语习语的文化内涵及其语用研究[M].北京：外语教学与研究出版社，2007.

[91] 赵秀丽.英美文化与英汉翻译研究[M].长春：吉林出版集团股份有限公司，2019.

[92] 钟书能.英汉翻译技巧[M].北京：对外经济贸易大学出版社，2010.

[93] 蔡秋阳.植物感知影响因子及价值认知研究[D].武汉：华中农业大学，2017.

[94] 韩暖.汉英禁忌语对比分析及其在跨文化交际中的回避策略[D].哈尔滨：哈尔滨师范大学，2016.

[95] 李杰玲.山与中国诗学——以六朝诗歌为中心[D].上海：上海师范大学，2011.

[96] 刘娇.汉英植物词文化意义的对比研究及教学建议[D].沈阳：辽宁大学，2017.

[97] 马慧.英汉语篇衔接手段对比及其翻译[D].兰州：兰州大学，2017.

[98] 任继尧.汉英委婉语对比研究与对外汉语教学[D].太原：山西大学，2018.

[99] 汪火焰.基于跨文化交际的大学英语教学模式研究[D].武汉：华中科技大学，2012.

[100] 王军霞.汉语教学中英汉习语文化空缺现象研究[D].济南：山东师

范大学，2016.

[101] 王梅.从英汉习语看英汉文化的异同[D].成都：四川师范大学，2009.

[102] 王爽.汉英习语文化对比[D].哈尔滨：黑龙江大学，2011.

[103] 夏露.中英语言中"风"的概念隐喻对比研究[D].武汉：华中师范大学，2014.

[104] 尤晓霖.英国动物福利观念发展的研究[D].南京：南京农业大学，2015.

[105] 张锐.文化空缺视域下的汉英数字文化对比[D].乌鲁木齐：新疆师范大学，2013.

[106] 黄曼.汉语习语变异研究概述[J].社会科学战线，2014，（12）：275-277.

[107] 黄险峰.中西建筑文化差异之比较的探讨[J].华中建筑，2003，（10）：37.

[108] 兰玲.中西文化差异下的汉英动物词汇翻译[J].边疆经济与文化，2015，（2）：98-100.

[109] 李琳琳，丛丽.基于文化翻译理论的中国建筑文化翻译策略探究[J].长春教育学院学报，2015，31（20）：68-70.

[110] 刘兰君.英汉禁忌语之文化差异透视[J].教育现代化，2018，5（26）：348-349.

[111] 刘鑫梅，赵禹锡，刘倩.跨文化传播视阈下我国传统文化对外传播探析[J].传媒论坛，2018，1（14）：1-2.

[112] 刘秀琴，董娜.跨文化交际中的英汉"委婉语"探讨[J].山西广播电视大学学报，2018，23（4）：43-46.

[113] 马国志.文化视域下的英汉习语对比与翻译[J].科教文汇，2019,（3）：180-183.

[114] 沈琳琳.文化传播语境下高职英语外译教学原则分析——以服饰文化翻译为例[J].职教论坛，2015,（35）：70-73.

[115] 肖唐金.跨文化交际翻译学：理论基础、原则与实践[J].贵州民族大

学学报，2018，（3）：23-38.

[116] 杨超.人名、地名的中西互译[J].科学大众·科学教育，2017，（8）：101.

[117] 张欢.浅析文化语境对诗歌英译的影响[J].今古文创，2021，（18）：123-124.

[118] 朱梦.新闻传播中英语地名翻译探讨[J].科技传播，2015，7（10）：40-41.

[119] 朱颖娜.从动物词汇看英汉文化差异[J].才智，2017，（11）：227.

[120] L. A. Samovar, R. E. Porter & N. C. Jain. Understanding Intercultural Communication[M]. Belmont, CA：Wadsworth, 1981.

[121] Mebrabian, A. Silent Message[M]. Belmont, CA：Wadsworth, 1981.

[122] Samovar, L. A., & Porter, R. E. Intercultural Communication：A Reader[M]. Belmont, CA：Wadsworth, 1997.

[123] Whitney, W. D. Nature and Origin of Language[A]. The Origin of Language[C]. Bristol：Thoemmes Press, 1875.